Kohlhammer

Mareike Menne

Einfach lesen

Der Umgang mit Texten im Studium

Verlag W. Kohlhammer

1. Auflage 2021

Alle Rechte vorbehalten
© W. Kohlhammer GmbH, Stuttgart
Gesamtherstellung: W. Kohlhammer GmbH, Stuttgart

Print:
ISBN 978-3-17-031960-8

E-Book-Formate:
pdf: ISBN 978-3-17-031961-5
epub: ISBN 978-3-17-031962-2
mobi: ISBN 978-3-17-031963-9

Inhaltsverzeichnis

1

Lesen im Studium

Einleitung

Dieses Buch folgt einer pragmatischen Perspektive. Es hat sich aus dem Bedarf entwickelt, den Studierende in meinen Lehrveranstaltungen und in persönlichen Gesprächen geäußert haben.

In einem Seminar im Fach Kulturwissenschaft mit 300 TeilnehmerInnen habe ich als Leistungsnachweis die Aufgabe gestellt, ein Lesejournal zu führen und abzugeben. Das Lesejournal sollte ganz klassisch bibliografische Angaben und Anmerkungen zum Textverständnis enthalten. Darüber hinaus bat ich zu jeder Lektüreaufgabe um ein Statement, welche Leseschwierigkeiten aufgetreten waren und zu welchen die Studierenden Rat suchten. Ca. 200 Lesejournale wurden eingereicht; die häufigsten Fragen zum Lesen im Studium waren:

* Wie schaffe ich mein Lesepensum in kürzerer Zeit?
* Wie gehe ich mit Texten um, die ich nicht verstehe?
* Wie finde ich die richtigen Fragen, um Texte aktiv zu lesen?
* Was sind die Kriterien der Lehrenden für »richtiges« Lesen?
* Wozu soll ich lesen, wenn die Dozentin/der Dozent in der Veranstaltung alles selbst vorträgt oder nicht auf den Text eingeht?
* Wie verliere ich nicht die Lust am Lesen?

Es sind also überwiegend pragmatische Fragen, die Lesen als Aufgabe verstehen, die es mit möglichst klugem und effizientem Ressourceneinsatz zu erfüllen gilt. »Wissenschaftlichkeit« als Lesehaltung bzw. das Lesen als durchaus auch pragmatische Aufgabe im Rahmen wissenschaftlicher Arbeitsprozesse steht eher hintan. Darum will dieses Buch eine Brücke schlagen. Es fragt danach, wie im Laufe des Studiums wissenschaftliches Lesen entstehen und eingeübt werden kann. Es ist nicht immer bewusst, dass die Art, zu lesen, die Haltung, mit der gelesen wird und der Zweck des Lesens selbst wissenschaftlicher Natur sind. Dies gilt zum einen, insofern das wissenschaftliche Lesen ein Teil von größeren wissenschaftlichen Arbeitszusammenhängen ist, zu denen auch die Recherche, das Schreiben, die Publikation und die Debatte gehören. Es gilt zum anderen, weil an das Lesen Kriterien von Wissenschaftlichkeit gelegt werden (▶ Was ist das »Wissenschaftliche« am Lesen im Studium, ▶ Qualitätskriterien), die nicht beliebig sind, nicht intuitiv und insbesondere nicht gleichbedeutend mit anderen Formen des Lesens wie der Freizeitlektüre oder dem Lesen von Gebrauchstexten zur Alltagsbewältigung. Sie erhalten Hinweise auf vertiefende Lektüren.

Hinsichtlich des Lesenlernens und -lehrens im Studium hängen wir in einem Dilemma: Einerseits können wir uns als Dozierende auf die Haltung zurückziehen, nicht die Defizite der Schule zu kompensieren. Andererseits stellen wir oft fest, dass die Lesekompetenz vieler StudienanfängerInnen nicht ausreicht, um im Studium wissenschaftlich zu arbeiten. Vielfach brauchen die Studierenden eine Möglichkeit, um den Übergang vom schulischen und vergnüglichen Lesen in das wissenschaftliche Lesen zu schaffen. Die spezifischen Lesekonventionen und alles, was mit ihnen in Zusammenhang steht – die Eigenarten des Materials, die Zwecke, die Gepflogenheiten des Sprechens über das Lesen und über Gelesenes – sind Teil des Studiums und der jeweiligen geisteswissenschaftlichen Disziplinen und eben nicht der Schule. Es ist weder ein Versäumnis der Schule noch persönliche Nachlässigkeit, wenn Sie als Studierende diese fachlichen Lesekonventionen und die Anforderungen, die sich aus dem Material oder der Methode ergeben, zu Studienbeginn nicht haben. Dieses Lesen lernen Sie im Studium, genau da gehört es hin. Und zugleich wird dieser Lernprozess häufig nicht offen reflektiert, er bleibt individuell und es gibt nur wenig hochschuldidaktisches Feedback.

Es ist bemerkenswert, dass die Klagen über die nicht-lesenden Studierenden und auch das Leiden an den eigenen Schwierigkeiten beim akademischen Lesen nur selten didaktische oder organisatorische Konsequenzen haben. Eine systematische, ruhig erstellte und empirisch überprüfte akademische Lesedidaktik findet im Alltag vieler Fachlehrender keinen Raum; zu sehr sind viele mit der Anpassung der eigenen Lesestrategien an eine veränderte Umwelt beschäftigt.

Für Studierende sind allerdings mittlerweile angeleitete Selbststudien mit vielen medialen Angeboten möglich. Die meisten Lernangebote gibt es bei Schreibwerkstätten oder Zentren für Schlüsselqualifikationen, die Studien, Tutorials und Veröffentlichungen bereitstellen. Häufig fokussieren diese Angebote Speed Reading – das mag auch nachfragebedingt so sein. Doch Speed Reading, das allein der raschen Erledigung einer Hausaufgabe dient, bedient wesentliche Anforderungen des wissenschaftlichen Lesens nicht (▶ Schnelles Lesen). Schnelllesetechniken zielen darauf, Textinhalte und -strukturen schnell und ohne Sinnverlust zu erfassen und gut im Gedächtnis zu speichern. Die Wissenschaft definiert jedoch Zweck und Rahmen dieser Technik und erweitert die Anforderung von »Verstehen« und »Behalten«. Gleichgültig, wie schnell oder langsam Sie lesen – Lesen in der Wissenschaft zielt immer auch darauf, den Text kritisch zu prüfen und mit dem Ergebnis dieser Prüfung weiter zu arbeiten, neues Wissen zu schaffen, nicht nur die Inhalte zu erinnern.[1]

Insgesamt bietet der englischsprachige Markt allerdings mehr Angebote als der deutschsprachige.[2] Dieses Buch möchte nun dazu beitragen, das deutschsprachige Angebot zu ergänzen. Auch will es erläutern, wie Lesen, Verstehen, Behalten und kritisches Prüfen wissenschaftlicher Texte und das Weiterarbeiten mit diesen Texten gelingen kann.

Was bedeutet »Lesen können«?

Kognitiv betrachtet erfordert das Lesen fünf intellektuelle Basisaspekte:

1) Kognition – Erkennen und Wiedererkennen von Informationen,
2) Gedächtnis – Behalten von Informationen,
3) Divergierendes Denken – logische und kreative Ideen entwickeln,
4) Konvergierendes Denken – Schlussfolgerungen und induktives Denken entfalten,
5) Bewerten – begründetes Urteil über den Text mit Blick auf die erkenntnisleitende Frage fällen.[3]

Nach der OECD ist Lesekompetenz (auch »Reading Literacy«) die Fähigkeit, »geschriebene Texte zu verstehen, zu nutzen und über sie zu reflektieren, um eigene Ziele zu erreichen, das eigene Wissen und

---

1 Vgl. Wie lesen, in: http://www.uni-konstanz.de/FuF/Philo/Geschichte/Tutorium/Themenkomplexe/Lesen/Rezeption_/Wie_lesen_/wie_lesen_.html.
2 Vgl. z. B. Gelndinning/Holmström 1992; Mcwhorter 2014.
3 Werder 1994, S. 19.

Potenzial weiterzuentwickeln und am gesellschaftlichen Leben teilzunehmen«[4].

Die Definition besteht aus zwei Teilen: der Beschreibung, was mit dem geschriebenen Text gemacht wird – er wird verstanden, er wird genutzt und es wird über ihn reflektiert – und wozu etwas mit ihm gemacht wird – um Ziele zu erreichen, um zu lernen und um am gesellschaftlichen Leben zu partizipieren. Lesekompetenz ist also nicht Lesen allein. Sie erweitert das Lesen um einen Zweck, auf den es gerichtet ist. Die beiden erstgenannten Ziele sind auf Studium und Berufstätigkeit übertragbar: Lesen, um Ziele zu erreichen, und Lesen, um zu lernen bzw. das eigene Wissen und Potenzial weiterzuentwickeln. Die Qualität der Ziele, des Wissens und Potenzials sind allerdings nicht beliebig, sondern auf den professionellen Kontext bezogen. Es gibt im Studium konkrete Studienziele, z. B. Prüfungen bestehen. Es gibt in den Fächern spezifische und fachübergreifende Ziele: reflektieren wollen, die literarische oder rhetorische Qualität beschreiben wollen, vergangene Wirklichkeiten rekonstruieren wollen, ein Modell überprüfen wollen, den Inhalt einer Quelle wiedergeben etc.

Das Leseziel – »um am gesellschaftlichen Leben teilzunehmen« – bedeutet in unserem beruflichen Alltag – seien wir nun Studierende oder bereits berufstätig –: lesen, um am Fachdiskurs teilzunehmen, um Diskussionen folgen zu können und unsere eigene Arbeit dazu in Bezug zu setzen. Lesen dient auch dazu, zu erfahren, welche Themen von wem auf welche Weise und warum bearbeitet wurden oder werden. Es schafft eine Wissensgrundlage, die für unser Expertentum konstitutiv ist. Es gehört zu den Kerntätigkeiten der Studierenden und AbsolventInnen geisteswissenschaftlicher Fächer, mit Texten zu arbeiten: Wir suchen und finden sie; entziffern, transkribieren, übersetzen sie; verstehen, analysieren sie; bewerten ihren Nutzen für eine Aufgabe oder ihre sprachliche Qualität. Wir nutzen Texte für

---

4 Siehe s. v. »Reading Literacy«, in: https://stats.oecd.org/glossary/detail.asp?ID=5420.

Vorträge, Referate, für den Unterricht und für eigene Texte. Wir bilden einen individuellen professionellen aktiven und passiven Umgang mit Texten aus.

Das Lesen im professionellen Kontext setzt somit voraus, dass wir uns mit den spezifischen Lesekonventionen, dem Fachwortschatz, mitunter auch der Schrift- und Darstellungsvarietät vertraut machen. Das ist ein schwieriger, aber lohnenswerter Lernprozess.

Was ist wissenschaftliches Lesen im Studium?

Wissenschaftliches Lesen im Studium meint zunächst und vor allem eine Haltung zum Text. Diese Haltung unterscheidet sich von anderen Lesehaltungen: Sie begegnen dem Text nicht in der Erwartung, dass er ein Alltagsproblem lösen hilft, einen Verwaltungsvorgang auslöst oder Ihnen Entspannung und Vergnügen verschafft, sondern dass er für Ihre Forschung verwendbar ist. Sie können erwarten, dass er neue Informationen für Sie bereithält und dass er Argumente, Belege, Beispiele etc. für Ihre Hypothesen beisteuert. Das wissenschaftliche Lesen von Texten im Studium ist darauf ausgerichtet, über das reine Verstehen und die Inhaltssicherung hinauszugehen. Es kann einer Analyse, einer Kontextualisierung oder einer Verwendung in größeren Zusammenhängen dienen, also dem Einsatz in Hausarbeiten oder Referaten – oder der Diskussion im Seminar oder im Lesezirkel. Das bedeutet, dass Sie als mündige Person dem Text gegenübertreten und in eine aktive, wenngleich stille Kommunikation treten.

Der Zusatz »im Studium« ist hier wichtig, da dieses Buch keine abgeschlossene, gereifte Kompetenz beschreibt, sondern Ihnen Impulse für den Prozess der wissenschaftlichen Bildung geben möchte. Sie befinden sich in einer Übergangsphase, in der Sie nicht von Beginn an eigenständig »wissenschaftlich lesen«. Sie lernen zunächst verschiedene Praktiken wissenschaftlichen Arbeitens kennen, das Lesen ist eine davon. Während des Studiums werden Sie dazu angeleitet, teils auch dazu verpflichtet und geprüft. Das wissenschaftliche Arbeiten im Studium findet in einem institutionellen Rahmen statt und seine Ergebnisse werden bewertet. Zunehmend eigenständig setzen Sie Methoden ein und entwickeln eigene wissenschaftliche Arbeitsweisen und Arbeitshaltungen. Am Ende des Studiums steht das eigenständige Anwenden und Beherrschen wissenschaftlicher Arbeitsweisen. Das Studium ist also u. a. ein Weg zum wissenschaftlichen Lesen und dieses Buch gibt Ihnen Impulse, diesen Weg Ihren Fähigkeiten und Bedürfnissen im Rahmen eines geisteswissenschaftlichen Studiums gemäß zu gestalten.

Was unterscheidet das Lesen im Studium vom Lesen in der Schule?

Welche Lesefähigkeiten sollten Studierende aus der Schule und der außerschulischen Bildung für ein geisteswissenschaftliches Studium mitbringen? Welche Lesekompetenzen können Dozierende voraussetzen?

Es gehört zur allgemeinen Lesefähigkeit, Buchstaben und Wörter mit Bedeutung versehen zu können, einen umfassenden und aktiven Wortschatz zu haben und sinntragende Wörter in einem längeren und komplexen Text zu erkennen. Startpunkt für Ihre Lesekompetenz zu Beginn des Studiums ist darum der Standard, der Ihnen mit dem Abschluss der gymnasialen Oberstufe bescheinigt ist; demnach

* verfügen Sie über Strategien und Methoden, um Texte in unterschiedlichen Medienformen zu lesen und zu verstehen,
* können Sie beim Lesen eigenständig vorgehen,
* können Sie anspruchsvolle Literatur, Sach- und Gebrauchstexte lesen und verstehen und nützliche Informationen entnehmen,
* können Sie neue Informationen mit Ihrem Vorwissen verknüpfen,

* können Sie entnommene Informationen produktiv verarbeiten,
* können Sie die sprachliche Qualität eines Textes wahrnehmen und beschreiben,
* können Sie Argumentation und Informationsgehalt von Sachtexten nachvollziehen und analysieren,
* können Sie die gesellschaftliche, ethische und philosophische Relevanz von Texten erschließen,
* haben Sie Erkenntniskategorien angelegt und können dies für neue Texte wiederholen,
* haben Sie eigene Werthaltungen zu Texten und Inhalten ausgebildet,
* können Sie Schulbibliotheken, öffentlichen Bibliotheken und ggf. auch Hochschulbibliotheken nutzen.[5]

Diese Kompetenzen mögen in Ihrem persönlichen Umfeld, im Verlauf Ihres schulischen Bildungswegs, in Ihrem familiären Kontext und in der Lesekultur, mit der Sie sozialisiert wurden, ergänzt und vertieft worden sein.

Mit Blick auf das Studium bedeutet dies, dass diese Fähigkeiten im Umgang mit Texten grundsätzlich vorausgesetzt werden können und zwar auch im Umgang mit wissenschaftlichen Aufsätzen und Monografien, die in den Leistungskursen der gymnasialen Oberstufe eingeführt worden sein sollen.

Nun mögen Sie einwenden, dass diese Voraussetzungen jedoch in der Realität nicht erfüllt sind. Vielleicht haben Sie einige der oben gelisteten Fähigkeiten nicht erworben, gleichgültig, ob sie nicht angeboten wurden oder Sie aus irgendeinem Grund nicht am Angebot partizipierten oder ob manche beiläufigen Lernprozesse einfach nicht explizit benannt wurden, sodass Sie nun unsicher sind, ob eine Erinnerung zu einem der oben angeführten Punkte passt.

---

5   Staatsinstitut für Schulqualität und Bildungsforschung 2004.

Mitunter fördert die Perspektive von Lehrenden den Blick auf Defizite statt auf das Erlernen und Üben von Lesestrategien. Mehr oder weniger unverhohlen beklagen DozentInnen, dass Studienanfänger-Innen nicht über alle erforderlichen Fähigkeiten zum erfolgreichen Studium verfügen – und die Lesefähigkeit gehöre dazu. Die Feststellung, Studierende von heute könnten keine Texte mehr lesen, ist natürlich einerseits Teil des generationellen Abgrenzungsprozesses und darüber hinaus Ausdruck der allgemeinen Verunsicherung in Veränderungsphasen. Andererseits folgen daraus konkrete Schwierigkeiten für den gemeinsamen Lernprozess, am deutlichsten spürbar in Frustration und Überforderung auf beiden Seiten. Zwei Schritte können dabei helfen, diese Frustration hinter sich zu lassen: Erstens die Anerkennung, dass Hochschuldozierende keinen einheitlichen Lehrkörper bilden und darum auch hinsichtlich des Lesens unterschiedliche eigene Erfahrungen und auch verschiedene didaktische Herangehensweisen haben. Zweitens folgt daraus die Aufgabe für Sie selbst, zu beobachten und zu wählen, mit welcher Arbeitsweise und welcher Haltung zum Lesen Sie am leichtesten umgehen können und welche Ihnen die besten Arbeitsergebnisse sichern.

Übung/Reflexion
Beschreiben Sie Ihren Wissens- und Kompetenzstand anhand der vorangegangenen Auflistung. Wo fühlen Sie sich sicher und könnten Beispiele nennen, die Ihren Wissensstand und Ihre Kompetenzen zum Ausdruck bringen? Mit welchen Textgattungen haben Sie Schwierigkeiten? Welche wurden nie (explizit) in der Schule oder im Elternhaus gelesen und gehören wesentlich zum Gegenstandsbereich des Studiums und der beruflichen Praxis von Geistes- und KulturwissenschaftlerInnen?
Wenn Sie diese Übung analytisch vertiefen möchten, fahren Sie z. B. mit der ▶ Lesebiografie (S. 29) fort.

Im Studium weiten Sie Ihre Lesekompetenz auf den akademischen Kontext aus. Hier liegt ein wichtiger und durchaus schwieriger

Unterschied im Übergang von der Schule zur Hochschule: Sie sind für Ihr Lesen selbst verantwortlich. Sie müssen die Texte oft selbst recherchieren, beschaffen und bearbeiten. Sie müssen mitunter sogar selbst die Kriterien festlegen, wann Ihr Lesen erfolgreich abgeschlossen ist. Als Erfolgskriterien können Sie eigene Fragen und Erkenntnisabsichten in der Auseinandersetzung mit Texten nutzen – und auch das Fragenstellen und gezielte Erkennenwollen müssen erst erlernt werden. Es kommen mit dem wissenschaftlichen Textkorpus Textsorten hinzu, die Ihnen bislang wenig geläufig waren, und für die es sinnvollere Lesestrategien gibt als sie von vorne nach hinten zu lesen. Manche dieser Texte sind fremdsprachig, in fremden oder alten Schriftarten, sodass Sie parallel zum wissenschaftlichen Lesen auch elementares Lesen, d. h. die Verknüpfung von Zeichen und Laut, von Wort und Sinn lernen müssen. Außerdem richtet sich die Textauswahl im Studium nach der Leitfrage oder dem Thema der Veranstaltung; sie baut nicht systematisch auf Vorwissen auf. Das erfordert die Kenntnis von Texten und Sachverhalten, die bislang nicht Teil Ihres Bildungswegs waren. Diese Lücken müssen Sie erkennen und eigenständig schließen.

Auch auf sozialer und individueller Ebene unterscheidet sich das Lesen im Studium von dem in der Schule. Die Lernenden haben unterschiedliches Vorwissen in Bezug auf das Thema und in Bezug auf die Lese- und Studienorganisation. Sie wissen, dass die Lehrpläne der Schulen nach Bundesländern variieren, dass nicht nur AbsolventInnen des deutschen Bildungssystems geisteswissenschaftliche Fächer studieren und dass nicht alle Ihrer KommilitonInnen (vielleicht auch Sie selbst nicht) direkt nach dem Abitur ein Studium begonnen haben. Insofern sind die Voraussetzungen, Fähigkeiten und individuellen Leseerfahrungen der Studierenden sehr unterschiedlich. Sie tragen auch unterschiedliche individuelle Ziele in das Seminar, von denen der Erwerb der ECTS nur eines ist: Manche tauchen in ihr Lieblingsthema ein, andere besuchen die Veranstaltung wegen der Uhrzeit, die nächsten kommen wegen der Dozentin/des Dozenten, wieder andere sind fachfremd oder Seniorstudierende. Dadurch ergibt sich eine heterogene Lerngruppe und darum kann auch der Verlauf und die

Dynamik des Lernprozesses, das individuelle Vorwissen oder die Einbindung von Texten und Studierenden in die Veranstaltung nicht immer zuverlässig vorausgesagt werden.

Neu im Studium ist zuletzt, dass Sie es mit einem veränderten Tagesablauf zu tun haben und Ihren Arbeits- und Leserhythmus anpassen müssen. So gehört von nun an eine gute Arbeitsorganisation zu Ihrer Lesepraxis, um Tageszeiten ausmachen zu können, die Sie für konzentriertes Lesen über einen längeren Zeitraum hinweg nutzen können (▶ Zeitmanagement und Leseorganisation). Sie mögen am Vormittag auf einen Professor treffen, der seine Seminare nach dem Prinzip der Meisterlehre leitet und der Macht des Geistes und der Kraft des Textes vertraut. Am Nachmittag haben Sie eine Doktorandin als Dozentin, drei Jahre älter als Sie selbst, die auf einer befristeten Teilzeitstelle darbt und akribisch vorbereitet ist. Am nächsten Tag lernen Sie bei einem Postdoktoranden, der sich hochschuldidaktisch weitergebildet hat und für den Lehrpreis Ihrer Universität nominiert ist – hochmotiviert und voller Ideen für aktivierende Methoden. Am Nachmittag wartet eine Lehrbeauftragte auf Sie, hervorragende Expertin auf ihrem Gebiet, aber frustriert, weil sie schlechter bezahlt wird als eine VHS-Dozentin, dennoch einen Fuß in der Tür behalten will. Sie alle verfahren mit nichterledigten Leseaufgaben und der Textarbeit im Seminar unterschiedlich. Sie alle wertschätzen auch Ihre Beiträge unterschiedlich und sind nicht im gleichen Maße bereit, Lese- und Verständnisprobleme zu thematisieren und Sie in der Lösung zu unterstützen. Es ist daher Ihre Aufgabe, einen eigenen Weg zu finden.

Was ist das »Wissenschaftliche« am Lesen im Studium?

Bereits zu Beginn des Studiums können Sie die wesentlichen Informationen auch anspruchsvollen, komplexen, langen Texten entnehmen. Neu im Studium ist, dass diese Texte wissenschaftliche Texte sind, dass die zu dekodierenden Wörter Fachwörter sind, dass der Wortschatz um den Fachwortschatz erweitert werden muss und dass Sie Informationen nicht nur einzelnen Texten, sondern auch Diskursen – wissenschaftlichen Debatten oder Textgruppen, die sich um das gleiche Thema drehen – und Metatexten (Texte über andere Texte) entnehmen können.

In einem geisteswissenschaftlichen Universitätsstudium ist bereits der Kontext Ihres Lesens für das Studium ein »wissenschaftlicher«. Sie bewegen sich nun einerseits in einer akademisch-professionellen und andererseits in einer persönlich-privaten Lesewelt. Diese Welten kennen unterschiedliche Haltungen, etwa distanziert die eine, Identifikation suchend die andere. Sie kennen auch unterschiedliche Vorgehensweisen: gezieltes, ausgewähltes Lesen von Textsequenzen, etwa mithilfe von Volltextsuche, oder lineares Lesen vollständiger Texte. Sie haben unterschiedliche Ziele: Verstehen in der einen, Genießen in der anderen Welt. Viele Schwierigkeiten entstehen beim Übergang von professioneller zu privater Welt: Doppelbelegungen, Unklarheit und mangelnde Erfahrung bzw. fehlendes Selbstvertrauen, das Lesen als akademisches Lesen ernst zu nehmen. Stattdessen wird es als »Hausaufgabe« behandelt oder als Variante eines Hobbies verstanden – was der grundsätzlichen Neigung zu Studieninhalten entspricht, aber Lesehaltungen und -funktionen zu Ihrem Nachteil unangemessen verflechtet. Beides trifft die Anforderung an wissenschaftliches Lesen nicht genau. Beim wissenschaftlichen Lesen verknüpfen Sie Ihr vorhandenes Fachwissen mit neuem, fremdem Wissen und erzeugen so neue Zusammenhänge und Erkenntnisse. Sie setzten sich mit dem Lesestoff in einem analytischen Prozess auseinander.

Analytisches wissenschaftliches Lesen in den Geisteswissenschaften greift auf einen großen Fundus an Methoden zurück, die bis in die klassische Antike und zu Aristoteles zurückreichen. Es hat den Anspruch, auch an solche Texte rational und distanziert heranzutreten, die emotional und manipulativ sind, mit dem Ziel, den Text, seine Wirkung und seine Ursachen zu verstehen.

Wissenschaft hat im Übrigen auch eine kreative Seite. Das Kreative an der Wissenschaft bezieht sich auf neues Wissen, grenzüberschreitende Verknüpfungen, innovative Fragen und unerprobte Praxisanwendungen. Übertragen auf kreatives wissenschaftliches Lesen bedeutet dies, eigene Fragen zu finden und Ideen zu entwickeln, wie das Gelesene genutzt werden kann, um zu neuen Erkenntnissen zu gelangen, bislang unbeachtetes Material zu berücksichtigen oder ungewohnte Arbeitsweisen zu erproben.

Wenn Sie in anderen Einführungen zum wissenschaftlichen Arbeiten die Bestimmung finden, es diene der Entwicklung von »Produkten«, dann mag eine erste Reaktion sein, dass Lesen grundsätzlich unproduktiv ist. Zu den »Produkten«, die die Geisteswissenschaften hervorbringen, zählen aber wesentlich neue Texte – und diese setzen umfangreiche und reflektierte Lektüre voraus. Das bedeutet, dass Ihr wissenschaftliches Lesen zielgerichtet sein sollte – aus dem Lesen sollte etwas entstehen, etwa Antworten, Interpretationen, Beiträge, Referate, Hausarbeiten etc. Insofern ist wissenschaftliches Lesen unabdingbarer Teil von produktiven Prozessen im Studium.

Wissenschaftliches Lesen muss Diskrepanzen aushalten: eine große Menge an schnell verfügbaren Informationseinheiten, eine lange Dauer, die es braucht, diese Informationseinheiten zu sichten, zu lesen, zu verstehen und zu verarbeiten, das Wissen darum, auswählen zu müssen, und die Schwierigkeit, Entscheidungskriterien anzulegen. Ein großer Teil der wissenschaftlichen Lesearbeit findet nicht unmittelbar am Text statt, sondern im Umfeld – in der Vorbereitung, Organisation, Strategieentwicklung inklusive Ziel- und Fragenfindung, in der sinnvollen Speicherung und folgerichtigen Weiterarbeit.

Qualitätskriterien

Das wissenschaftliche Lesen folgt den **Qualitätskriterien**[6] für wissenschaftliches Arbeiten, die Sie auch aus anderen Studientätigkeiten wie dem Schreiben oder der Recherche kennen.

1) *Ehrlichkeit:*
   Sie geben Ihre Leseergebnisse wahrheitsgemäß wieder und geben Sie auch an, was Sie zu Ihren Ergebnissen geführt hat. Ehrlichkeit meint hier, zu benennen, ob Sie z. B. einen Text im Original gelesen haben oder ob Sie den Text nach einem anderen Text zitieren und das Zitat nicht am Original überprüft haben. Beim fortgeschrittenen wissenschaftlichen Lesen überprüfen Sie anhand Ihrer eigenen fachlichen Expertise, ob die Angaben im Text wahrheitsgemäß sind oder ob es sich um manipulierte Daten, Plagiate oder Behauptungen handelt.

2) *Objektivität:*
   Sie gehen sachlich, vorurteilsfrei und mit neutraler Haltung an den Text und Ihre Leseaufgabe heran. Ihre persönliche Gefühls- und Gemütslage soll die Arbeit mit dem Text nicht beeinflussen. Sie üben sich in Selbstkontrolle, um nicht in populäre Deutungen abzugleiten oder aufgrund der Leseinhalte beeinflusst zu werden. In der Reflexion des Lesevorgangs überprüfen Sie, ob andere Personen zu denselben Ergebnissen kommen könnten.

3) *Überprüfbarkeit:*
   Ihre Aussagen zum Text sind überprüfbar und mit Belegen abzusichern. Ihre Schlüsse zum Text, Ihre Hypothesenbildung folgen logischen Prinzipien. Aus diesem Logik-Prinzip folgt die Nachvollziehbarkeit Ihrer Leseergebnisse und Deutungen.

---

6 Nach Balzert u. a. 2011, S. 13–49.

4) *Nachvollziehbarkeit:*
Können Sie die Ergebnisse Ihres Lesens nachvollziehbar aufbereiten, z. B. in Diskussionsbeiträgen oder Prüfungen? Tragen die übrigen Qualitätskriterien zur Nachvollziehbarkeit bei, etwa durch Belege, Fragestellungen, verständliche Sprache etc.? Gilt dies auch für den gelesenen Text? Überprüfungen und Belege können entweder aus dem Text selbst oder aus anderer, objektiv und angemessen ausgewählter Literatur stammen. Sie geben die Herkunft Ihres Materials auf eine überprüfbare und nachvollziehbare Weise an. In Ihrem Lesen überprüfen Sie die Angaben der Autorin: Sind die Quellenangaben korrekt und vollständig? Könnten Sie die angegebenen Quellen mithilfe dieser Angaben finden? Sind Gedankengang und Argumentation vollständig, schlüssig und nachvollziehbar? Kommen Sie im Nachvollzug der Argumente zu denselben Ergebnissen? Ist es möglich, die Ergebnisse zu widerlegen? Sind die Informationen und Aussagen im Text in ihrem zeitlichen Bezug korrekt? Sie überprüfen zudem die Logik der Schlussfolgerungen der Autorin und die Hierarchie, die Argumenten und Belegen zugewiesen wird. Schauen Sie genau hin, ob die Argumente untereinander und in Bezug auf das Fazit widerspruchsfrei sind oder ob Fehlschlüsse vorliegen. Wenn der Text nachvollziehbar ist, können Sie Aufbau, Argumentation und Gedankengang ohne Brüche zustimmen. Dabei können Sie auch zu dem Ergebnis kommen, dass diese Nachvollziehbarkeit aus verschiedenen Gründen nicht vorliegt.

5) *Reliabilität und Validität:*
Reliabilität meint, dass Sie bei wiederholter Lektüre unter derselben Fragestellung zu identischen Ergebnissen kommen. Wenn sich Analyse- und Arbeitsbedingungen ändern, wirkt sich das auf die Ergebnisse aus. Validität meint, dass Ihre Ergebnisse gültig sind. Dazu gehört etwa die Überprüfung, ob die Antworten zur Frage passen, die Fragen klar formuliert sind, vor allem auch, ob die Ergebnisse des Autors – sowie Ihrer eigenen Arbeit – aussagekräftig sind. Weiter fragen Sie, ob der Autor angemessene Methoden eingesetzt und zuverlässige Ergebnisse erzielt hat.

6) *Verständlichkeit:*
Haben Sie den Text verstanden? Können Sie den Textinhalt und Ihr Leseergebnis verständlich wiedergeben? Benutzt die Autorin eine klare und eindeutige Sprache? Sind die Ergebnisse und Thesen prägnant? Ist der Text zielgruppenorientiert verfasst und bietet Anregungen oder Wahrnehmungshilfen? Sind Layout und Typografie angemessen und leseförderlich?

7) *Relevanz:*
Haben Sie bei der Lektüre etwas Neues gelernt? Hilft Ihnen die Lektüre, Ihre Aufgabe zu erfüllen? Hat der Text wissenschaftlichen Wert, weil er neues Wissen schafft oder neue Daten aufbereitet? Welche Relevanz haben die Untersuchungsgegenstände, die der Autor ausgewählt hat? Was verändern die Ergebnisse im jeweiligen Fachgebiet?

8) *Originalität:*
Kommen Sie zu eigenen Leseergebnissen, oder suchen Sie im Lesen den Nachvollzug der Thesen und Vorgaben von anderen Personen, etwa Lehrenden oder RezensentInnen? Haben Sie eigenständig gearbeitet? Können Sie infolge Ihres Lesens Informationen miteinander verknüpfen? Haben Sie den Mut, einen Text gegen den Strich zu bürsten, allen Aussagen zu widersprechen, um ihn zu überprüfen? Übertragen Sie Ihre Leseergebnisse in andere fachliche Zusammenhänge, z. B. in die Ihres zweiten Fachs, und beobachten Sie, welche Veränderung sie dort bewirken und durchlaufen. Nutzen Sie Lesewerkzeuge oder -methoden, die Ihnen neu sind oder denen Sie mit Skepsis begegnen.
Hat der gelesene Text den bisherigen Forschungsstand erweitert? Gibt es Besonderheiten im Vergleich zu anderen Texten – wie unterscheidet er sich? Was ist originell an dem gelesenen Text?

9) *Fairness:*
Gehen Sie respektvoll und wertschätzend mit dem Lesestoff um? Können Sie die Leistung, die darin steckt, (an-)erkennen? Lesen Sie vorurteilsfrei hinsichtlich der Herkunft, des Geschlechts, der sozialen Schicht, des Alters etc. der Verfasserin? Geht der Verfasser wertschätzend und respektvoll mit den Texten und Arbeiten

seiner KollegInnen um? Bringt er persönliche Sympathien und Antipathien, Rassismus, Sexismus zum Ausdruck? Benutzt die Autorin eine Sprache, die jedem zugänglich ist, oder erschließt sie sich nur Eingeweihten? Wurde der Autorin wissenschaftliches Fehlverhalten nachgewiesen?[7]

10) *Verantwortung:*
Arbeiten Sie verantwortungsvoll und nicht fahrlässig und manipulativ? Übernehmen Sie die Verantwortung für Ihren Leseprozess? Liegen fahrlässige Fehler oder absichtliche Täuschungen im Text vor? Sind die Ergebnisse eines Textes weiterführend innerhalb oder außerhalb der Wissenschaft? Zielt der Text auf wissenschaftliche Erkenntnis und (kulturellen, sozialen, ökologischen, ökonomischen) Nutzen?

Lesezweck

»Lesen ist kein bloß kognitiver Akt. Lesen kann erschüttern, umwerfen, erheben, erleuchten. Dieser komplexe Akt legt Zeugnis ab von der ›Lesbarkeit der Welt‹ und den Erschütterungen, die das Lesen der Welttexte begleiten.«[8]

Wissenschaftliches Lesen im Studium ist zunächst Lesen für das Studium. Es ist kein Lesen für die Freizeit, der Lesezweck ist nicht »Entspannung«. Lesen im Studium dient dazu, Ihre fachlichen Aufgaben im Studienalltag zu bewältigen, am Fachdiskurs teilzunehmen und sich fachbezogen wissenschaftlich zu bilden. Mit dem wissenschaftlichen Lesen folgen Sie dem Ziel, Argumente und Zusammenhänge nachzuvollziehen, Texte zu verstehen, zu deuten, zu bewerten und zu verarbeiten, etwa zu neuen wissenschaftlichen Texten (wozu z. B.

---

7 Z. B unter https://vroniplag.wikia.org/de/wiki/Home [letzter Zugriff: 16.6.2020].
8 Werder 1994, S. 9 mit Verweis auf Blumenberg 1986.

auch Referate zählen können). Wissenschaftliches Lesen dient dem Aufbau neuer Wissensbestände; im Studium zunächst individuell nachvollziehend und verbindend; in der eigenständigen wissenschaftlichen Arbeit auch innovativ und vermittelnd.

Tab. 1: Textgruppen mit Beispielen und Zweckvorschlägen

Textgruppe	Beispiele	Zwecke
Fachtexte und wissenschaftliche Literatur	wissenschaftliche Aufsätze und Essays (Kapitel aus) Monografien Lexikoneinträge Studienliteratur	Prüfungen absolvieren an Lernveranstaltungen und allmählich am Fachdiskurs teilnehmen die Fachsprache erlernen Daten und Informationen sammeln, die Sie zukünftig in der beruflichen Praxis einsetzen werden
Interfaces (Schnittstellen zwischen Mensch und Gerät) und Texte zur Materialbeschaffung	Suchmasken von Suchmaschinen, Bibliothekskatalogen und andere Datenbanken Trefferlisten Katalogeinträge Register (Inhalts-)Verzeichnisse Literatur- und Linklisten	Aufgaben bearbeiten Recherchemethoden anwenden anforderungs- und kontextbezogen geeignete Texte und Daten auswählen einen Überblick über das fachliche Feld gewinnen Bewertungskompetenz ausbilden
Texte zur Studienorganisation	Antragsformulare Bescheide Einschreibungs-, Studien- und Prüfungsordnungen Vorlesungsverzeichnisse und deren Kommentare	wissen, welche Handlungen Sie ausführen und welche Unterlagen Sie erstellen oder besorgen müssen wählen, welchen Inhalten und Prüfungen Sie sich widmen wollen Alltag strukturieren Fristen einhalten finanzielle und soziale Bedürfnisse abdecken

Tab. 1: Textgruppen mit Beispielen und Zweckvorschlägen – Fortsetzung

Textgruppe	Beispiele	Zwecke
Ihre eigenen Texte	Präsentationen und Referate Hausarbeiten und schriftliche Aufgaben Klausurtexte Bewerbungsunterlagen Kommunikationstexte	sich selbst reflektieren, korrigieren und weiterentwickeln
Texte Ihrer KommilitonInnen und DozentInnen	Präsentationen und Lernmaterial E-Mails und Kurznachrichten Gutachten	neue Informationen erhalten Feedback bekommen und daran lernen die gemeinsame Arbeit organisieren professionelle Beziehungen gestalten

Dieser pragmatische Zugang entspricht allerdings nicht immer der Art, wie über das Lesen im Studium gesprochen wird. Geistes- und Kulturwissenschaften sind textaffin. Das Bekenntnis zum Lesen, insbesondere zum hingebungsvollen, konzentrierten, ökonomisch zweckfreien, genießenden Lesen, hat innerhalb der Geisteswissenschaften eine hohe soziale Bedeutung. Daraus kann das Missverständnis entstehen, wissenschaftliches Lesen bedeute, Pflichtlektüre zweckfrei zu lesen und die Texte während der Prüfungsvorbereitung zu genießen, also pragmatische Zwecke mit sozialen Funktionen zu belegen.

Es ist gar nicht so einfach, das genießende, entspannte Lesen vom konzentrierten, anstrengenden wissenschaftlichen Lesen abzugrenzen. Diese Schwierigkeit greift insbesondere dann, wenn wir Lektüren, die üblicherweise der Freizeit und Entspannung zugeordnet werden, nun als wissenschaftliche Gegenstände betrachten müssen, also z. B. Belletristik, Graphic Novels, Text-Bild-Kombinationen in unterschiedlichen Medien. Dass das Lesen von Fachtexten anstrengend ist, leuchtet rasch ein und deckt sich vermutlich mit Ihrer Erfahrung. Bei der Lektüre von Belletristik zu analytischen, wissenschaftlichen Zwecken liegt die Anstrengung häufig nicht so sehr im Textverständnis, sondern in der Aufrechterhaltung von wissenschaftlicher, analytischer Distanz. Viele Studierende geisteswissenschaftlicher Fächer haben ihre Studienentscheidung von ihrer Freizeitneigung abhängig gemacht: Sie lesen gern und mögen Bücher, sie gehen gern zu Kulturveranstaltungen und pflegen andere bildungsbürgerliche Freizeitbeschäftigungen. Das hat zur Folge, dass die Grenze zwischen Studium/Beruf und Freizeit unscharf ist, jedenfalls unschärfer als bei anderen Berufen. Das kann zu Verunsicherungen und Lesekrisen führen und Fragen der professionellen Identität aufwerfen (▶ Leselust und Lesekrise). Aus diesem Grund ist die Beschäftigung mit wissenschaftlichem Lesen eine Einladung, Ihre eigenen Leseerwartungen, Ihre Lesebiografie und Ihre professionelle und Ihre dilettantische Rolle zu reflektieren. Wissenschaftliches Lesen enthält die Reflexion über das Lesen.

Die Fähigkeit, über Ihr Lesen zu reflektieren, hilft Ihnen auch, Ihre Beziehung zu Text und AutorIn mündig zu gestalten. Es ist ausgesprochen anspruchsvoll, dem Text aus zwei Richtungen zu begegnen: Die eine Richtung bedeutet, sich zunächst auf ihn einzulassen und sich hineinzubegeben, um in der intensiven Lektüre zu verstehen und nachzuvollziehen. Wenn Sie mit dieser Arbeit fertig sind, kann es sich so anfühlen, als seien die gelesenen Gedanken und Informationen nun ein Teil Ihrer Gedanken und Ihres Wissens. Darauf folgt jedoch die andere Richtung: vom Text weg und in die Distanz. Sie stellen Ihre Fragen an den Text, setzen ihm Ihre Erkenntnis entgegen, überprüfen, kritisieren. Das ist insbesondere dann eine Herausforderung, wenn Sie dazu neigen, Texten hohe Autorität und unbezweifelbare Expertise zuzuschreiben oder wenn Ihr intensives Lesen mit einer Identifikation mit dem Gelesenen einhergeht – etwa mittels einer literarischen Figur oder auch aufgrund einer hohen Identifikation mit dem Autor oder einer wissenschaftlichen Richtung, der er angehört. Die Übung im wissenschaftlichen Lesen besteht darin, tief lesen zu können und zugleich eine kontrollierte Distanz zu wahren, die Ihnen ermöglicht, Ihrer wissenschaftlichen Position gerecht zu werden. Die Reflexion über das Lesen schließt die Reflexion Ihres Lernprozesses hinsichtlich Ihrer Position zum Text, zum Autor und zum Gegenstand ein.

Sie können nun überprüfen, ob Ihre Motivation zur Lektüre für Sie intrinsisch, extrinsisch oder beides ist: Spüren Sie in sich selbst den Drang, neue Informationen zu erschließen, Ihre Sprache und Ihr Denken zu erweitern, am Fachdiskurs teilzunehmen, oder brauchen Sie Impulse von Dozierenden, die Aussicht auf eine Prüfung oder eine auslaufende Finanzierung, um wissenschaftliche Texte zu lesen?

Es ist zentral, mit welcher Motivation Sie lesen. Die Entscheidung für ein geisteswissenschaftliche Studium setzt traditionell eine intrinsische Motivation voraus, eine Neigung, die Sie ans Arbeiten und damit auch ans Lesen führt, ohne dass Dozierende sich in der Rolle der Kontrolleure, Anleiter, Druckmacher verstehen. Diese Tradition kollidiert allerdings einerseits mit den Veränderungen in der Studienkultur der modularisierten Studiengänge, die mehr als die ehemaligen Magisterstudiengänge Wert darauf legen, Wissen zu festen Zeiten abzuprüfen. Sie kollidiert andererseits mit dem Verhalten vieler Studierender, denen noch eine Handhabe fehlt, die innere Motivation vor dem äußeren Druck zu schützen. Wenn jener dann ausbleibt, wird mitunter der Zweck und das Ziel der jeweiligen Aufgabe unklar, bleibt undefiniert, und bei anstrengenden Aufgaben wie dem Lesen schwieriger Texte wird es zäh. Der Wunsch, schnell damit abzuschließen, ist eine logische Konsequenz. Der Unwille wächst, wenn bei aller Anstrengung die Lektüre keinen unmittelbar einleuchtenden Zweck erkennen lässt. Um diesen Unwillen zu beheben, wenn er auftritt, hilft die Sammlung und Pflege von Studien- und Lesemotiven.

Übung: Moodboard
Moodboards – auch Vision-Boards genannt – sind Collagen, die helfen, abstrakte Themen wie »Lesen« zu visualisieren.[9] Wie aus

---

9 Vgl. Salentin-Träger/Jahn 2019.

dem Wort schon hervorgeht, zielen sie nicht auf den Verstand als Leitressource des wissenschaftlichen Arbeitens, sondern auf das Gefühl, die Leitressource von Motivation. Moodboards kommen schon jahrelang im Design, Marketing und im Kultur- und Medienbereich zum Einsatz; für die wissenschaftliche Arbeit sind sie oft unbekannt.

Für ein Moodboard können Sie eine (Online-)Pinnwand, eine gerahmte Fläche, eine Zimmertür, eine Tafel oder Leinwand verwenden. Sie können Zitate, Bilder, Schlagworte, auch Materialen nutzen. Sie können ein grundsätzliches Ordnungsmuster entwickeln, etwa

- Überschrift,
- Bilder rechts,
- Texte links,
- Zitate unten,

um unterschiedliche Wahrnehmungsebenen oder Motivlagen zu gruppieren. Sie können auch Mindmap-artig collagieren und von einem Elemente zum nächsten wandern. Sie können Zitate, Bilder, Schlagworte, auch Materialen enthalten, die Sie in unserem Fall darin unterstützen, ein individuelles und motivierendes Bild vom wissenschaftlichen Lesen zu entwickeln. Dabei treffen Sie noch keine Entscheidungen, sondern sammeln, gruppieren, genießen, wägen ab, lassen sich durch Assoziationen und freie Gedanken treiben.

Ein Moodboard beim Lernen und Üben des wissenschaftlichen Lesens kann Ihnen helfen:

- Ihre Motivation zu klären und damit zielstrebiges, strategisches Arbeiten einzuleiten,
- zu berücksichtigen, dass Geistesarbeit abhängig von körperlichen und seelischen Befindlichkeiten ist, und dass die Pflege von

emotionalen und seelischen Anteilen Ihrer Persönlichkeit eine der Voraussetzungen für gute wissenschaftliche Praxis ist,

* zu definieren und zu differenzieren, was wissenschaftliches Lesen für Sie bedeutet, welche Bilder vom Lesen Sie prägen,
* einen kreativen Zugang zu einem methodisch-formalisierten Tun zu finden. Den Bilddiskurs dominieren ästhetische Bilder des genießenden, hyggeligen Lesens. Das kann uns ins Konflikte stürzen, wenn wir uns z. B. bei der wissenschaftlichen Lektüre überhaupt nicht so wohlfühlen wie in der Bildsprache des Lesens – haben Sie, gibt es in unseren Fächern überhaupt eine bildliche Vorstellung vom wissenschaftlichen Lesen? Mit Mood- und Visionboards können Sie diese Bilder selbst entwerfen und gestalten.

Sie können Moodboards auch für andere thematische Arbeiten nutzen. Das Lesen z. B. für Referate und zur Klausurvorbereitung ist anstrengend. Mehr als zwanzig Minuten am Stück überfordern vermutlich zu Beginn Ihre Konzentration und Aufnahmefähigkeit. Über einen Medien- und Methodenwechsel können Sie Ihre Ausdauer steigern. Moodboards als Ergänzung des wissenschaftlichen Lesens bieten eine Variation von linear-abstrakter Arbeitsweise zu Assoziation, Gestaltung, Visualisierung und Individualität. Das kann helfen, neue Kraft für die nächsten Arbeitsschritte zu schöpfen, ohne aus dem Thema gerissen zu werden.

Übung: Reflexion
Sammeln Sie Lesezwecke und legen Sie ein Motivationsarchiv an. Nutzen Sie dazu zunächst bspw. Moodboards und Online-Sammlungen. Achten Sie dabei darauf, dass Sie aktiv Zwecke und Motive sammeln, die im wissenschaftlichen Kontext bedeutungsvoll sind. Vielleicht machen Sie ein Projekt daraus – fragen Sie Menschen Ihrer Umgebung, was sie motiviert, sich an sachliche, schwierige, lange, fremde Texte zu begeben und wie sie Unlust und Tiefs überwinden. Kommen Sie darüber ins Gespräch. Erlauben Sie sich

das freie Spiel mit unterschiedlichen Zwecken und Motiven und probieren Sie aus, welche Sie leichter an die Arbeit bringen und welche sich unpassend anfühlen.

Mündigkeit und aktives Lesen

»Nur die Besten können lesend aufnehmen und wissen später, was sie gelesen haben. Wer in der Vergangenheit niemals zu einem aktiven Lese-Stil hingeführt wurde, weiß hinterher »fast nichts«, und, was noch schlimmer ist, er/sie hält sich selbst für verantwortlich (= schuld). Tatsache aber ist, passives Konsumieren führt dazu, es liegt also an der Technik.«[10]

Das wissenschaftliche Lesen setzt mündige LeserInnen voraus. Mündigkeit meint hier, Subjekt, Akteur des Leseprozesses zu sein und nicht empfangendes Objekt. Subjekte handeln; übertragen auf das Lesen bedeutet dies, dass Sie alle Phasen des Leseprozesses aktiv und verantwortungsvoll gestalten. Sie kennen gewiss die Alltagsphrase: »Was will der Autor uns damit sagen?« Oft bringt diese Frage ein Verständnisproblem zum Ausdruck, für das man nicht verantwortlich sei, sondern allein der Autor. Die LeserInnen seien passive Empfänger. Möglicherweise müssen Sie sich zunächst von einer solchen Haltung zum Text emanzipieren. Wir kennen aus literarischen Texten eine »allwissende Erzählperspektive« – es ist wichtig, diese nicht auf wissenschaftliche oder Sachtexte zu übertragen. Die Beziehung zum Autor ist eben nicht passiv, sondern aktiv; Sie treten mit einer anderen Wissenschaftlerin in einen asynchronen Dialog. Andere WissenschaftlerInnen sind keine allwissenden ErzählerInnen. Sie berichten von ihren empirischen Studien, sie legen ihre Arbeitsergebnisse dar, sie argumentieren. Es ist darum für Sie wichtig, zu

---

10 Birkenbihl 2007, S. 15.

klären, welche Lesehaltung passt, resultierend sowohl aus der Autoren- als auch aus ihrer Leseintention. Das wiederum bedeutet, dass die Beziehung zwischen Lesenden und AutorInnen veränderlich ist, abhängig von Fragestellungen, Lesesituationen und natürlich auch Wissens- und Erfahrungsstand. Die Emanzipation vom »allwissenden Erzähler« mag sogar ein Leitmotiv für Ihre Leseentwicklung während des gesamten Studiums sein.

Die Emanzipation vom Autor meint, dankend anzunehmen, welche Vorarbeit er geleistet hat. Es bedeutet, zu verstehen, was er sagt, warum und wie er es sagt, um zu prüfen, ob seine Arbeit für Ihre Zwecke hilfreich ist. Ist das nicht der Fall, so können Sie den Text getrost zur Seite legen. Es bedeutet weiterhin, wissenschaftliches Arbeiten auch als sozialen Prozess zu verstehen, zu dem jede Kollegin eingeladen ist und zu dem die unterschiedlichen Autor-Innen jeweils ihre Beiträge leisten. Wissenschaftliche Texte bilden stets nur einen Zeitpunkt im Erkenntnis- und Arbeitsprozess ab. Sie sind nicht endgültig wahr. Sie sind geschrieben, damit KollegInnen sich mit ihnen auseinandersetzen und die wissenschaftlichen Gegenstände weiterentwickeln können. Auch hier ist wiederum relevant, dass Sie den Text verstehen, um korrekt mit ihm weiterarbeiten zu können. Hier ist das Verstehen nur der sichernde Teil, nicht der kreative und nicht der bedeutungsgebende.

Zur Emanzipation gehört die Entwicklung, die Äußerung und das Streben nach eigenen Zielen und Zwecken. Das gilt auch für das Lesen: Ihre Leseziele sind nicht mehr allein fremdbestimmt von der Botschaft der Autorin und der Aufgabe des Dozenten. Sie haben eigene Leseziele, vielleicht zunächst pragmatische, auf die Prüfung gerichtete, die Sie aus der Schule bereits kennen. Finden Sie exemplarisch heraus, was das für eine Verbindung zwischen Ihren Motiven und Ihrer Pflicht, den Text zu lesen, besteht und leiten Sie daraus das Ziel ab, mit dem Sie diesen Text bearbeiten wollen.

Zur Emanzipation gehört weiterhin die Überzeugung, dass es angemessen ist, Material für eigene Zwecke zu nutzen. Wissenschaftlich redlich arbeiten Sie dann, wenn Sie zunächst nachvollziehen und verstehen, welche möglichen Anliegen der Autor hat und welches

Verständnis sich z. B. aus dem historischen Kontext erschließt. Nicht jeder Text eignet sich für jeden Zweck. Aber im zweiten Schritt nutzen Sie den Text für Ihren individuellen Beitrag als lernende Person innerhalb der wissenschaftlichen Gemeinschaft. Diese Beiträge sind zunächst Fragen, Deutungen, Ergänzungen um Details, Ringen um das Verstehen, wissenschaftlicher Streit um die richtige Haltung – mit der Zeit gehen Sie zu eigenen Hypothesen und Vernetzungen über und bereichern die Debatten.

Mündiges, aktives Lesen bedeutet daher, sich den Text anzueignen, sich auf ihn einzulassen, ihn nachzuvollziehen, ihn zu be- und hinterfragen.[11] Dazu kann gehören, mit dem Text zu denken: Finden Sie heraus, welche Frage, welche Hypothese den Text leitet. Nehmen Sie dann Abstand und überlegen Sie mit Ihrem Vorwissen und Ihrer Erfahrung aus Seminaren, wie Sie an Frage und Hypothese herangehen würden. Skizzieren Sie, welcher Textaufbau sich daraus für Sie in groben Zügen ergibt: Nehmen Sie ein Blatt, und notieren Sie, mit welchem Material Sie diese Frage oder Hypothese bearbeiten würden, dann, wie Sie dieses Material heuristisch und methodisch bearbeiten würden, schließlich, wie Material und Methode den Aufbau Ihres Textes determinieren würden. Wenn Sie nun den Text lesen, werden Sie feststellen, dass die Autorin es wahrscheinlich anders gemacht hat. In diesem Kontrast zum eigenen Entwurf können Sie erkennen, wie genau die Autorin vorgegangen ist, und ob sie dies konsistent getan hat – und schließlich, ob es Sie vor dem Hintergrund eines eigenen Entwurfs überzeugt. Mündiges Lesen bedeutet zudem, Lücken und Uneindeutigkeiten zu erkennen und im Text zu klären, und, wenn sie nicht zu klären sind, auszuhalten.

Aktives, mündiges Lesen bedeutet weiterhin, dass Sie die **Verantwortung** für Ihren Leseprozess übernehmen. Sie legen Ihre Lesezeiten fest. Sie wählen Methoden und Techniken aus. Sie definieren, was Sie von dem Text wollen. Sie passen Ihr Lesetempo Ihren Fähigkeiten,

---

11 Vgl. Mcwhorter 2014, S. 1–36.

Ihren Zielen und den Erfordernissen des Textes an. Sie entscheiden, ob Sie eine Lektüre abbrechen. Sie finden heraus, warum Sie etwas nicht verstehen. Sie bereiten den Text so auf, dass er in anderen Zusammenhängen für Sie nutzbar ist.

> **Übung: Leseziele**
> Was könnten Sie mit Ihrem Lesen erreichen? Was könnten Sie von Texten wollen – z. B. Informationen zur Anreicherung Ihres Wissensnetzes, Verstehen von Zusammenhängen, Erkenntnis von Bedingungen und Begründungen, Argumente und Belege zur eigenen Hypothesenbildung? Sammeln Sie potenzielle Leseziele. Nutzen Sie Ihre Liste für die kommenden Leseaufgaben, und prüfen Sie, ob Sie eines der Ziele auf die Lektüre anwenden können oder ob Sie die Liste ergänzen möchten.

Wissenschaftliche Lesekompetenz für wissenschaftliche und literarische Texte

Wissenschaftliche Lesekompetenz umfasst ein Bündel von Fach-, Methoden- und Kulturkompetenzen.

Wissenschaftliches Lesen bezieht sich wesentlich auf **wissenschaftliche Texte**. Zur Pflichtlektüre gehören neben den Primärtexten der Fächer auch **fach-(gruppen-)spezifische Textsorten** mit Gestaltungsbesonderheiten, die Einfluss auf das Lesen haben. Als Pflichtlektüre und Hausaufgaben erhalten Sie in den ersten Semestern häufig Kapitel aus Einführungsliteratur und Handbüchern sowie wissenschaftliche Aufsätze.

Einführungsliteratur sollte so verfasst sein, dass sie zielgruppenorientiert ist, d. h., die AutorInnen gehen davon aus, dass Sie noch kein vertieftes Wissen haben, noch nicht über ein dichtes Netz von Verweisen auf andere Werke verfügen und viele Fachwörter für Sie noch fremd sind. Meist gehen diese Texte unmittelbar aus dem Studienalltag hervor. Gliederung und Inhalt dieser Werke orientieren sich an den disziplinären Studienverlaufsplänen deutscher Hochschulen. Diese Texte setzen darauf, Ihnen einen Überblick zu geben, Sie mit den wichtigsten Wörtern zu dem jeweiligen Themengebiet vertraut zu machen, die grundlegenden Werke zu nennen, Ihnen Lesetipps für vertiefte Lektüre zu geben und vielleicht auch Schulwissen zu wiederholen. Sie haben oft Lesehilfen wie Hervorhebungen oder Randglossen, die Ihnen beim schnellen Wiederfinden von Textpassagen helfen.

Handbücher sind Gesamtdarstellungen zu einem Themengebiet. Sie werden zu Studien- oder Semesterbeginn eingesetzt, weil sie eine hohe Informationsdichte haben und Ihnen einen Überblick über ein Themengebiet bieten können. Die Hoffnung ist, dass mithilfe dieser Texte eine gemeinsame Faktengrundlage im Seminar geschaffen wird, auf der mit problemorientierten Aufsätzen und Detailstudien weitergearbeitet werden kann. Aus jenen nehmen Sie dann weitere Informationen, die Sie mit den Fakten aus dem Handbuch verbinden und so zu neuen Erkenntnissen kommen. Handbücher sind Nachschlagewerke. Wenn Sie sich mit einem Handbuchtext vertraut gemacht haben, dann kann er Ihnen im Semesterverlauf als Grundlage und Gedächtnisstütze dienen, falls Sie z. B. ein einzelnes Datum, ein Werk, eine Person oder einen Begriff nicht einordnen können. Anders als Einführungsliteratur ist ein Handbuch aber nicht didaktisch auf Studienzwecken ausgerichtet, sondern ein Gebrauchstext für die wissenschaftliche Forschung. Es hat Distanz zu seinem Gegenstand, zu Ereignissen und zu Forschungsdiskursen. Gegenstände werden darin beschrieben, aber nicht unbedingt erläutert oder absichtlich interpretiert, Fachwörter werden nicht übersetzt. Der Stil kann insofern »trocken« und funktional sein.

Der *wissenschaftliche Aufsatz* wird im Studium häufig als »Hausaufgabe« bzw. Vorbereitung zur nächsten Stunde ausgewählt, weil zum einen seine Seitenzahl und sein Thema begrenzt sind: Eine Vorbereitungszeit von ca. eineinhalb bis zwei Stunden ist dabei angemessen, und Inhalt und Struktur können in der Zeit so erfasst werden, dass sich im Seminar ein produktives Gespräch über den Text ergeben kann. Zum anderen bedeutet das Lesen wissenschaftlicher Aufsätze angewandtes Lernen. Sie brauchen Lektürepraxis, um mit anspruchsvollen Aufsätzen mit der Zeit ergiebiger, sicherer und schneller arbeiten zu können. Sie können zudem anhand des Aufbaus und Duktus' von wissenschaftlichen Aufsätzen lernen, wie Sie selbst wissenschaftliche Texte – etwa Hausarbeiten und Abschlussarbeiten – anlegen können. Sie folgen in Aufbau und Belegsystem dem Prinzip wissenschaftlicher Aufsätze. In der *Einleitung* wird das Thema benannt und eingegrenzt, Forschungsfrage und/oder Hypothese formuliert, das Material, an dem diese Hypothese überprüft wird, beschrieben, die Methode/Vorgehensweise benannt und begründet und auf dieser Grundlage der Aufbau des folgenden Textes skizziert. Evtl. werden auch Forschungsmotivation und Bedeutung des Themas und nachfolgender Arbeiten genannt. Diese Elemente – Thema, Frage, Material, Methode und Aufbau – sind miteinander verknüpft. Der *Hauptteil* folgt unterschiedlichen Gedankengängen. Von der gewählten Fragestellung und Methode ist abhängig, ob Sie vergleichen, Aspekte hierarchisch und logisch aufeinander aufbauen oder in einem werkimmanenten Verfahren unterschiedliche Ebenen des Textes befragen. Ihr Lesen (und Ihr Schreiben) passt sich der Struktur, die der Autor anlegte, an. Am *Schluss* endet der Text mit einem Fazit: Hier wird der Erkenntnisweg zusammengefasst, die Forschungsfrage beantwortet, die Hypothese bestätigt, widerlegt oder modifiziert, Ausblick auf weitere Forschungen oder alternative Vorgehensweisen gegeben oder an andere Arbeiten angeknüpft.

Wissenschaftliche Aufsätze haben meist nicht die Absicht, Sie grundlegend in ein Thema einzuführen – dazu gibt es, wie oben erläutert, Handbücher und Einführungsliteratur. Sie dienen vielmehr dazu, sich mit der spezifischen Herangehensweise einer Autorin an ein Thema zu befassen: Wie arbeitet sie, wie kommt sie zu Ergebnissen? Da wissenschaftliche Aufsätze meist problembezogen Einzelaspekte untersuchen, ist die zweite wichtige Frage für das Lesen dieser Texte: Was ist das Ergebnis dieses Textes? Welche neuen Erkenntnisse bietet er, mit denen Sie als LeserIn Ihr Wissen erweitern und ergänzen können? Eine dritte Frage kann auf die Belege und die Anmerkungen zielen: Welche Texte hat der Autor selbst gelesen, welche Informationen gibt Ihnen dieser Text über den Forschungsstand zum Thema? Diese drei Fragen (und natürlich viele mehr) können die Grundlage für die Textdiskussion in der folgenden Sitzung stellen. »Bereiten Sie den Text vor« als Aufgabe ohne weitere Erläuterung können Sie als »grundsätzlich erledigt« betrachten, wenn Sie den Text so gelesen und ausgewertet haben, dass Sie folgende vier Fragen beantworten können:

* Wie lauten Frage und Antwort(en) dieses Textes?
* Wie geht die Autorin vor?
* Wie ist dieser Text in unserem (Seminar-)Thema und dem Forschungsstand zu verorten?
* Wie ist meine eigene Haltung dazu auf der Grundlage meines Fach- und Textwissens?

Im Seminaralltag weniger, bei der Vorbereitung für **Referate** und **wissenschaftliche Hausarbeiten** hingegen häufig, haben Sie es mit fachlichen *Monografien* zu tun. Monografien haben meist einen größeren Umfang, da sie präzise, klar abgegrenzte Forschungsfragen detailliert behandeln. Qualifikationsschriften sind in unseren Fachgruppen typischerweise Monografien; andere folgen einem (einzigen) Thema, so auch das vorliegende Buch. Meist sind Monografien so angelegt, dass sie linear gelesen werden sollten, d. h., die Kapitel und Abschnitte folgen logisch aufeinander und sollten auch so rezipiert werden. Allmählich ziehen jedoch auch hier Textelemente ein, die ein sequenzielles Lesen nur einzelner Passagen erleichtern, etwa Abstracts zu Beginn großer Kapitel oder auch Zwischenfazite. Beim Schreiben einer Monografie gehen AutorInnen davon aus, dass LeserInnen entweder einzelne, vielleicht auch umfassende und grundlegende Informationen entnehmen wollen – zu dem Zweck haben sie ein Register und ein detailliertes Inhaltsverzeichnis oder stehen digital mit Volltextsuchfunktion zur Verfügung. Oder sie gehen davon aus, dass LeserInnen am Gedanken- und Argumentationsgang des Autors interessiert sind und nachvollziehen wollen, wie und warum er zu bestimmten Ergebnissen kam. Für diesen Zweck haben Monografien häufig eine narrative Struktur und stellen Zusammenfassungen und Schlüsselphrasen zur Verfügung, die Orientierung geben und erkennbar zwischen Hypothesen, Erläuterungen, Argumenten und Ergebnissen trennen.

Wissenschaftliche Sammelbände beschäftigen sich zwar auch mit einem begrenzten Thema, doch im Unterschied zu Monografien werden sie nicht von einer Autorin allein verfasst; sie versammeln Beiträge mehrerer WissenschaftlerInnen. Die Verbindung der einzelnen Beiträge – und damit meist auch die Begründung, warum sie miteinander abgedruckt werden – wird in der Regel in der Einleitung beschrieben. Die Abfolge ist meist so angelegt, dass allgemeine, interdisziplinäre und überblickende Texte am Anfang stehen, Einzel- und Detailstudien eher im hinteren Bereich. Herausgeber gehen davon aus, dass LeserInnen an der Debatte im Buch und der Gesamtschau interessiert sind – für diesen Zweck gibt es meist eine Einleitung, die bereits Zusammenfassungen der einzelnen Artikel enthält und darin erläutert, worin die Spezifika liegen, welche Funktion die Beiträge haben und wie sie untereinander verbunden sind. Zunehmend arbeiten Sammelbände auch mit Abstracts der BeiträgerInnen, sodass die am gesamten Band interessierten LeserInnen anhand der knappen Zusammenfassungen das Wissensnetz, die Tiefe und Vielfalt des Sammelbandes erkennen können. Das *Abstract* vermittelt einen Eindruck vom Text, gibt Hinweise zum Vorgehen und Material und nennt bereits das Hauptergebnis, damit Sie nicht den gesamten Text lesen müssen, sondern gut auswählen können. Dieser Aufbau kann – muss aber nicht – zugleich die akademische Hierarchie abbilden; ProfessorInnen und akademische Prominente mit Überblicken zu Gegenstand und Forschung am Anfang, ExpertInnen mit Forschungserfahrung mit vertieften, übertragbaren Beiträgen in der Mitte, DoktorandInnen mit Einzelstudien am Ende. HerausgeberInnen von Sammelbänden gehen davon aus, dass LeserInnen Detailinformationen aus einzelnen Aufsätzen entnehmen wollen oder an individuellen Bewertungen interessiert sind und in der Regel nicht das gesamte Buch lesen.

Wissenschaftliche Textsorten sind leichter und schneller zu lesen, wenn Sie sich von Vorstellungen des elementaren Lesens trennen. Sie müssen nicht notwendig von vorne nach hinten gelesen werden. Manche bieten Bausteine, die Ihnen die Auswahl der zu intensiv zu lesenden Textpassagen ermöglichen (Register, Inhaltsverzeichnis), oder sogar Elemente, die Ihnen den Weg zum Textinhalt abkürzen (Abstract, Einleitung in Sammelbänden, Zwischenfazite in Monografien).

Wissenschaftliche Texte wissenschaftlich zu lesen mag anfangs schwierig sein, weil die Texte selbst ungewohnt, komplex und sprachlich anspruchsvoll sind. Wenn dann ein **literarischer Text** oder etwas aus der Popkultur vorzubereiten ist, mag es mitunter verführerisch sein, erleichtert aufzuatmen, weil diese Texte leichter zu lesen sind. Oft ist dieses »leichter« mit der eigenen Lesemotivation verknüpft. Dieses Lesen macht mehr Spaß, bietet häufig Identifikationsmöglichkeiten und ist zweifellos reizvoller als das Lesen wissenschaftlicher Texte. Darum ist die Gefahr groß, sich entspannt in eine Freizeitlesehaltung fallen zu lassen. Warum ist dies eine Gefahr? Ist die Anforderung, den Text »gelesen« zu haben, damit nicht erfüllt? Die Ihnen unterstellte Aufgabe lautet: Der Text soll »wissenschaftlich gelesen« sein. Spaß und Entspannung sind nicht verboten, ebenso wenig ein gemütliches Setting mit Kerze und Tee und der anschließende Post in sozialen Medien, aber sie sind nicht das Leseziel. Auch ist die Lesehaltung nicht entspannt, sondern konzentriert, analytisch, fragen- oder problemorientiert. Der von Ihnen zu lesende Text hat eine Funktion im Rahmen Ihres wissenschaftlichen Studiums. Das Lesen dient dazu, Textkenntnis zu sichern, um dieser Funktion zu entsprechen. Das Lesen umfasst weiterhin Arbeitsschritte, die auf wissenschaftliche Erkenntnis zielen. Wenn Sie den Text durchgelesen haben, sind Sie nicht damit »fertig«, sondern Sie haben erst die Grundlage für die eigentliche Arbeit geschaffen. Sie wissen nun, wie er auf Sie emotional wirkt; jetzt nehmen sie **Abstand**. Sie lesen, um z. B. herauszufinden, wie in diesem literarischen Text Spannung erzeugt wird. Dazu gehen Sie den Text möglicherweise von hinten nach vorn durch und achten auf Schlüssigkeit. Sie analysieren rhetorische Mittel, Figuren und deren Beziehungen, Erzählperspektive etc. Sie ordnen den Text in historische Kontexte ein und stellen vielleicht fest, dass dieser Text der erste mit dieser Erzähltechnik war und viele nachfolgende diese Technik übernahmen.

Sowohl für wissenschaftliche Texte als auch für die wissenschaftliche Auseinandersetzung mit fiktionalen Texten benötigen Sie ein Kompetenzbündel aus Analysefähigkeiten und Methoden, das Sie im Laufe des Studiums und auf der Grundlage Ihrer Leseerfahrung ausbauen und verfeinern können. Dazu zählen:

* problemorientierte Analysefähigkeiten: Texte in Kontexte einordnen, Fragen an einen Text stellen, die Bedeutung eines Textes für die eigenen Fragen oder Erkenntnisziele beurteilen,
* technikorientierte Analysefähigkeit: sprachliche, rhetorische und mediale Mittel sowie Darstellungsperspektiven im Text erkennen, Konventionen und Wirkungen dieser Mittel kennen,
* Gattungs- und anwendungsspezifisches Lesen: Textregeln kennen, Textfunktionen kennen, Metatext auswerten, nichtlineare Texte »lesen«, eigene Lesestrategie (z. B. Lesegeschwindigkeit) den Texteigenarten anpassen,
* einen studienbezogenen Werkzeugkoffer unterschiedlicher Lesehilfen, Leseziele, Lesestrategien und -methoden aufbauen und pflegen, unterschiedliche Leserollen entwickeln,
* auf dieser Grundlage die Fähigkeit ausbilden, Arbeitsweisen einzusetzen, die angemessen sind für Text, Lesezweck und den eigenen Wissensstand,
* Transferfähigkeit: den Text für eigene Zwecke nutzen, am Text das eigene Schreiben und Denken weiterentwickeln.

Mit den wissenschaftlichen Textsorten lernen Sie die Anwendung Ihres aus der Schule bekannten Lesens auf neue und anspruchsvolle Texte. Aber im geisteswissenschaftlichen Studium sind Sie zudem auch damit konfrontiert, wieder **elementares Lesen** zu lernen, wie in der Grundschule: Zeichen mit Lauten und Bedeutungen zu verknüpfen. Dies ist z. B. bei historischen Arbeitsweisen der Fall, wenn Sie

Handschriften, alte Drucke und Inschriften entziffern. Auch in fremdsprachigen oder interkulturellen Philologien können Sie mit **fremden Schriften** oder Aufzeichnungssystemen konfrontiert werden: arabisch, chinesisch, russisch etwa. Die Digital Humanities und Computerlinguistik erfordern das Lesenkönnen von Codes und technischen Kommunikationsformen. Mit sozialwissenschaftlichem Fach oder Schwerpunkt müssen Sie lernen, Grafiken, Statistiken und serielle **Daten** zu lesen und auszuwerten.

Ein letzter Aspekt der wissenschaftlichen Lesekompetenz berührt die **Arbeitsorganisation.** Im Studium sind Sie weitgehend auf sich selbst gestellt. Die Hochschule gibt zwar einen institutionellen Rahmen, Ihre Institute den formalen Rahmen des Studiengangs mit Studien- und Prüfungsordnung, die Dozierenden begleiten und bewerten Ihren Lernprozess fachlich und hochschul-fachdidaktisch – aber die konkrete Arbeit müssen Sie selbst organisieren. Hinsichtlich des Lesens müssen Sie Ihr Lesepensum kennen, um es zeitlich und räumlich organisieren, d. h.: Sie brauchen einen Ort, an dem Sie gut lesen können, und Sie brauchen eingeplante Zeiten, in denen Sie konzentriert und intensiv lesen können. Sie müssen wissen, wie Sie die erforderliche Literatur beschaffen: Zentral- oder Institutsbibliotheken, Fernleihe, Bücherei, Buchhandlung und Internet. Sie müssen einplanen, wieviel Zeit Sie benötigen, um einen Text zu beschaffen, und welche Orte es gibt, an denen Sie diesen Text finden. Schließlich müssen Sie lernen, einen Leseprozess auch für komplexere Aufgaben als die Vorbereitung einer Seminarsitzung zu gestalten, nämlich das Lesen vieler und heterogener Texte vor Prüfungen, für Haus- und schließlich Abschlussarbeiten angemessen zu organisieren. Dieser Arbeitsprozess besteht im Allgemeinen aus den Phasen Lesevorbereitung, Lesen (mit verschiedenen Techniken, Methoden und Werkzeugen, in unterschiedlich vielen Durchgängen), Lesenachbereitung und Textauswertung.[12]

---

12 Siehe dazu Werder 1994, S. 21.

Zusammenfassung

Wissenschaftliche Lesekompetenz lässt sich folglich auf vier Ziele ausrichten:

1) Texte verstehen,
2) Texte reflektieren,
3) das Lesen selbst reflektieren,
4) Texte für wissenschaftliche Zwecke nutzen.

Diese **wissenschaftlichen Zwecke** sind im Studium u. a.

1) Studienziele erreichen,
2) fachliches Wissen, Können und Potenziale für die professionelle Arbeit entwickeln,
3) das Studium aktiv gestalten, am Studiendiskurs und den (schriftlichen) Gesprächen der wissenschaftlichen Gemeinschaft teilnehmen.[13]

Wenn Sie im Studium wissenschaftlich lesen,

1) folgen Sie allgemeinen Qualitätskriterien wissenschaftlicher Arbeit und der Wissenschaftsethik,
2) weisen Sie Ihrem Lesen einen Zweck innerhalb größerer wissenschaftlicher Arbeitsprozesse zu,
3) reflektieren Sie Ihr Lesen,
4) nehmen Sie eine aktive, fragende, suchende Haltung ein,
5) bestärken Sie sich in dem Bewusstsein, eine mündige, emanzipierte, verantwortlich lesende Person zu sein,
6) gehen Sie systematisch und strategisch vor,
7) nutzen Sie fach-(gruppen-)spezifische Kompetenzbündel.

---

13 Referenzen zu diesem Abschnitt Lindner 2008, S. 216–230.

2

Leseressourcen

Materielle und immaterielle Leseressourcen

Lesen wird maßgeblich von dem Vorhandensein oder dem Mangel an Ressourcen mitbestimmt. Unter Ressourcen verstehe ich in diesem Zusammenhang materielle und immaterielle Güter, die dabei helfen, Leseaufgaben zu erfüllen und Ziele, die mit dem Lesen oder im Lesen angestrebt werden, zu erreichen.

Gute, erfolgreiche Leseprozesse hängen von materiellen und auch körperlichen Ressourcen ab: Lichtverhältnisse, Textbestand, Druckqualität, Lizenzen, ruhiger Arbeitsplatz, Internetverbindung, Sehstärke, Bewegungsdrang, aktives, schmerzfreies Sitzen, Biorhythmus, Geld (z. B. um entliehene Titel, Lizenzen, Programme, Tageslichtlampe etc.

zu kaufen etc.). Insbesondere dann, wenn Sie wissen, dass Sie für ein Projekt oder aufgrund der für Sie am besten passenden Lernumgebung bestimmte Ressourcen benötigen, ist es sinnvoll, für ihre Bereitstellung zu sorgen und auch Alternativen zu bedenken.

Wenn wir auf Leseschwierigkeiten schauen, stellen wir fest, dass vorhandene Ressourcen Leseprozesse erleichtern und fehlende Ressourcen sie erschweren. Vielleicht sind Sie schon einmal einen Tag vor einer mündlichen Prüfung mit öffentlichen Verkehrsmitteln durch die halbe Stadt in eine Bibliothek gefahren, weil das einzige Exemplar eines Titels, dessen Relevanz Ihnen erst am Vormittag klargeworden ist, sich dort befindet, und just zwischen Ihrer Katalogabfrage und Ihrem Eintreffen in der Bibliothek wurde der Band ausgeliehen. Vielleicht haben Sie zum Geburtstag einen neuen Laptop bekommen, aber das Aufspielen der erforderlichen Zertifikate für den VPN-Zugang ist schiefgelaufen, und nun sitzen Sie in Ihrem Zimmer und kommen nicht an die elektronischen Ressourcen Ihrer Universitätsbibliothek. Vielleicht wollten Sie diese missliebigen Situationen vermeiden und von vornherein in der Universitätsbibliothek arbeiten, aber es gibt keinen freien Arbeitsplatz. Vielleicht haben Sie eine Quelle in der Hand gehalten, die in einem derart schlechten Überlieferungszustand war, dass Sie die Buchstaben nicht entziffern konnten. Oder Sie können sich nicht gut konzentrieren, wenn komplizierte Texte klein, eng und fast ohne Seitenränder gedruckt sind. Bestimmt können Sie weitere Beispiele anfügen, die sich um materielle Ressourcen für Ihr Lesen im Studium drehen.

Lesen ist auch ein körperlicher Prozess; zu Ihren Leseressourcen gehören Ihre Augen und Sehhilfen. Lesen braucht einen angemessenen Wechsel von Bewegung und Ruhe, Dehnung und Halten, nahem und fernem Fokus. Insbesondere dann, wenn Sie anspruchsvolle Schnelllesetechniken üben oder einsetzen, brauchen Sie einen gut funktionierenden Körper. Lesen verbraucht Energie; geistige Arbeit beansprucht den Stoffwechsel und auch das Sehen beansprucht mehr Gehirnleistung als andere sinnliche Wahrnehmungen – Sie brauchen gute Nahrung. Lesen ist mehr und komplizierter als das Sehen allein. Der Prozess, Gesehenes so umzuwandeln, dass es Sinn ergibt und im

Gedächtnis bleibt, ist ausgesprochen komplex. Insofern hat das Lesen körperliche Voraussetzungen, die gepflegt werden sollten, wenn Sie eine ausdauernde Leserin/ein ausdauernder Leser werden möchten. Das wirkt paradox, da die Lesenden in der kulturellen Wahrnehmung den »Sportlichen« als geistiger Antagonismus entgegenstehen.[14]

Zu den materiellen Ressourcen zählt im weitesten Sinne auch das »Personal« Ihres Leseprozesses und das Angebot an Veranstaltungen, die Ihnen helfen, akademische Lesekompetenz auszubilden. Ihre Lehrenden haben unterschiedliche fachliche und didaktische Vorkenntnisse und Ansichten und sind nicht immer an einen Lehrplan gebunden. Ein erfolgreicher Leseprozess kann von der Qualität der Beziehung zwischen Lernenden und Lehrenden abhängen. Lehrende prägen Ihre Lesearbeit wesentlich. Wenn es gut läuft, sind sie Lesevorbilder, leiten an, geben Ihnen Ziele und Kriterien für gutes und erfolgreiches Lesen. Sie führen Sie zu einem mündigen, kreativen, zielgerichteten, verstehenden Umgang mit Texten. Diese Lehrenden sind offen und kompetent für mediale Erweiterungen des Lesens. Sie geben Ihnen Feedback und nehmen einzelne Arbeitsschritte des Lesens, der Nachbereitung, der gemeinsamen Erarbeitung des Gelesenen in ihre Veranstaltungen auf. Wenn es schlecht läuft, wertschätzen Lehrende das Ihnen aufgetragene Lesen nicht, indem es in der Lehrveranstaltung keine Rolle spielt. Sie nutzen Texte, um sich von Ihnen abzugrenzen und keine direkte lernende Begegnung zu ermöglichen. Sie definieren nicht, was Sie unter Leseaufgaben verstehen, sondern bleiben allgemein: »Bereiten Sie den Text vor!«, »Lesen Sie XY!«. Ihr Lesen in solche Lernveranstaltungen einzubringen kann Mut erfordern und mit Unsicherheit einhergehen. Weiterhin macht es einen Unterschied, ob die Dozierenden zugleich auch die AutorInnen der Texte sind, die Sie in der Lernveranstaltung bearbeiten. Meines Erachtens liegt ein großer Vorteil darin, dass die Autorität von anonymen AutorInnen, vielleicht auch großer Namen, etwas entzaubert wird. Für mich war es im Studium ein Emanzipationserlebnis, zu

---

14 Vgl. Manguel 2000, S. 40; Woolf [1926] 1990, S. 307.

verstehen, dass die AutorInnen von wissenschaftlichen Texten, die vorzubereiten waren, vermutlich genau solche Menschen waren wie die Dozierenden, die die Veranstaltung leiteten. Das bedeutete, dass sie irren konnten, dass das Gefühl von Langeweile beim Lesen vielleicht gar nicht trog, dass sie ebenso zu diskutieren waren, wie mit den leibhaftigen Dozierenden im Seminar diskutiert werden konnte. Seither gebe ich in den ersten Wochen stets einen eigenen Text zur Vorbereitung, um daran das Diskutieren, den Wechsel zwischen Lektüre und Debatte zu üben und zu ermutigen, auch die Pragmatik wissenschaftlicher Texte anzunehmen. Ein Nachteil mag darin liegen, dass natürlich ein Machtverhältnis zwischen Dozierenden und Studierenden besteht, auf sozialer Ebene ohnehin, aber besonders, wenn eine Prüfungsbeziehung besteht – wie kritikbereit, wie befangen sind Studierende dann, wie sehr bin ich als Dozentin wirklich offen für ehrliche und ernsthafte Kritik vonseiten der Jüngeren?

Übung:
Stellen Sie sich vor, die Autorin des Textes sei Ihre Dozentin, oder Sie besuchten einen Vortrag und hätten die Gelegenheit, Fragen an sie zu richten. Welche Fragen würden Sie stellen?

- z.B. Fragen zum Text- und Forschungsdesign: Warum sind Sie so vorgegangen (und nicht anders)? Warum haben Sie dieses Thema, dieses Material, diese Methode gewählt?
- Fragen zur Binnenlogik, wenn Sie nicht verstanden haben, wie Aussagen, Thesen aufeinander folgen – bitten Sie um Erklärung für Stellen, die verkürzt sind.
- Fragen zum Ergebnis: Ist es endgültig oder vorläufig? Wie geht sie mit den Ergebnissen weiter um? Sind Sie – als LeserIn – überzeugt, ist das Ergebnis für Sie stimmig? Kämen Sie mit Ihrem Vorwissen, Ihrem Arbeitsmaterial zu einem anderen Ergebnis?

Neben den materiellen gibt es **immaterielle** Ressourcen, die Einfluss auf das Lesen und Leseerfolge haben. Dazu zählen z.B. Ihre bereits vorhandenen Fähigkeiten und Kompetenzen – können Sie z. B. Handschriften, Fremdsprachen, Codes gut lesen? Haben Sie eine aktive Lernhaltung, sind Sie zuversichtlich, dass Sie den Anforderungen angemessen begegnen werden? Wie gut können Sie mit digitalen Medien arbeiten? Wie gut ist Ihr Gedächtnis? Auch persönliche Eigenschaften helfen Ihrem Lesen: die Fähigkeit, sich entspannen und konzentrieren zu können, vielleicht sogar Meditationspraxis, Frustrationstoleranz, Geduld, Beharrlichkeit, Organisationstalent, emotionale Ausgeglichenheit. Auch hier erleben Sie wieder die Diskrepanz zwischen der Menge an schnell verfügbaren Informationen und der benötigten Dauer, jene zu erschließen. Hinzu kommt das fachliche Hintergrundwissen, aus dem assoziatives Verstehen, das Einordnen von Texten und das Einbinden und Memorieren von neuen Inhalten rasch und leicht erfolgen kann. Wenn Sie bereits eine Reihe an Kanontexten gelesen haben, wird es Ihnen leichter fallen, intertextuelle Bezüge und überzeitliche Muster zu erkennen. Kennen Sie Lesetechniken und -methoden? Dann können Sie Ihre Lesearbeit angemessen und ressourcenschonend gestalten. Das Wissen um Hilfsmittel, Nachschlagewerke, Handbücher, Metatexte und Experten hilft Ihnen, das Verständnis und die Bewertung von Texten zu erweitern oder zu erleichtern. Sie können Ihre soziale Einbindung als Ressource produktiv für das Lesen nutzen. Es macht einen Unterschied für Ihr Lesen und Lernen, ob Sie GesprächspartnerInnen haben, mit denen Sie sich austauschen können und die Ihnen konstruktives Feedback geben oder nicht, zumal dann, wenn diese GesprächspartnerInnen selbst Leseerfahrungen und -ergebnisse beitragen. Finden Sie Ihre »Mitdenker, Durchleser, Kompetenzträger«, von denen Ihr Lesen profitieren kann.[15] Organisieren Sie Lesezirkel und Textgruppen. In schwierigen Lesephasen und unter Druck sind UnterstützerInnen wichtig, die Sie ermutigen, die bei Übersetzungen helfen und Informationen teilen. Ein wertschätzendes persönliches Umfeld, das Ihnen Zeit und Raum für Ihr Lesen lässt und Lesen als Teil Ihrer Arbeit

---

15 Scherübl/Günther 2015.

versteht, erhöht die Motivation und die Effektivität des Lesens eher, als ein Umfeld, das Lesen sabotiert. Die Wissensbestände Ihres Umfelds zum Lesen und die Lesekultur, die dabei praktiziert wird, sind ebenfalls immaterielle Leseressourcen.

Ihr Einfluss auf Leseressourcen ist unterschiedlich; manche können Sie schnell und aktiv verändern, andere beeinflussen Sie nur bedingt oder in der Zukunft und wieder andere entziehen sich grundsätzlich Ihren Möglichkeiten.

Übung: Ressourcenanalyse

Was wissen Sie über Ihre vorhandenen Ressourcen? Was wissen Sie über Ihren Ressourcenbedarf? Wie können Sie Ihre Leseressourcen Ihren Bedürfnissen anpassen?

Sie können diese Analyse z. B. mithilfe einer einfachen Tabelle vornehmen:

Ressource	Mein Bedarf	Meine Situation	Meine Einfluss-möglichkeiten
Materielle Ressourcen			
Arbeitsplatz in der Universitäts-bibliothek	Mittel	Höhere Nachfrage als Angebot, insbesondere zu Prüfungszeiten	Ohne Anmeldung auf der Warteliste kein Einfluss, mit Anmeldung auf der Warteliste höherer Einfluss, Beschleunigung nicht möglich.
Internet	Hoch	In der Universität gut, zuhause schlecht	Internetzugang verbessern? Umziehen? Einfluss teilweise vorhanden, aber weitere Ressourcen nötig – u. a. Geld
...			

Ressource	Mein Bedarf	Meine Situation	Meine Einfluss-möglichkeiten
Immaterielle Ressourcen			
Dozentin A	Mittel	Leitet gut an	Thematisieren, Beobachten, analysieren
Dozent B	Gering	Hat eine sehr motivierende Art, Texte sind nicht zentral	Weiterführende Texte lesen
Wissen	Hoch	Mir fehlen fachliche Grundlagen.	Handbuchliteratur
Konzentrations-fähigkeit	Hoch	Ich werde beim Lesen schnell müde.	Meditation, Konzentrationsübungen
Zeit	Hoch	Ich komme mit dem Studienrhythmus nicht zurecht.	Stundenplan anpassen, langsames Lesen üben, z. B. mittels der Pomodoro-Technik
...			

Übung: Lesebiografie

Das Lesen hat eine Geschichte.[16] Wenn sich – wie in der akademischen Lehre – Menschen aus unterschiedlichen Generationen und Kulturen begegnen, ergibt sich immer auch ein Kontakt von unterschiedlichen Lesetraditionen. Insbesondere dann, wenn die Leseprozesse im Studium stocken, kann es hilfreich sein, sich den Lesegeschichten zu widmen und zu klären, welche Traditionen,

---

16 Vgl. Manguel 2000, S. 34 und 36.

Konventionen und Narrative das Lesen und die Haltung zum Lesen prägen.

Wenn Sie sich für ein geisteswissenschaftliches Studium entschieden haben, ist zu unterstellen, dass Sie eine Lesebiografie haben, in der Sie bereits vor dem Studium Berührung mit unterschiedlichen Textsorten hatten. »Lesebiografie« meint, dass Ihre Lesefähigkeit und Ihre Haltung zum Lesen individuelle Geschichten haben. Diese Geschichten sind an vielen Stellen von äußeren Einflüssen bestimmt – Lesekonventionen Ihres Umfelds, Schulpflicht, Zugang zu Texten. An anderen sind sie von persönlichen Einflüssen bestimmt – Vorlieben, Neugierde, Umgang mit Schwierigkeiten. Aus dieser Lesebiografie folgt, dass Sie z. B. intuitiv verschiedene Haltungen zum Text einnehmen und das entspannende vom lernenden Lesen trennen können. Sie haben die Erfahrung gemacht, dass Lesen anstrengend ist, und sind bereit, diese Anstrengung auszuhalten und die Konzentration trotz Langeweile oder fehlender Identifikation aufrechtzuerhalten.

Das Lesen hat auch in Ihrem Leben eine Geschichte. Es ist an äußere Vorgaben gebunden, etwa an die Schulpflicht. Auch der Zugang zu Texten zählt zu diesen äußeren Vorgaben. Welches Material hat Sie geformt? Wie war Ihr Lesen sozial bestimmt? Welche individuellen Brüche, Schwierigkeiten und Erfolge gab es? Werden Sie sich darüber bewusst, wie wenig selbstverständlich die Situation, nun im Studienkontext zu lesen, ist, und vielleicht bemerken Sie, dass das wissenschaftliche Lesen in Ihrer Biografie nicht angelegt ist, sondern eine Tätigkeit mit grundsätzlich neuer Qualität.
Im Wissen um Ihre Lesebiografie und -sozialisation können Sie sich leichter im Lesekontext des Studiums verorten. Wenn Leseschwierigkeiten auftreten, können Sie sie ergründen und daraufhin entscheiden, welche Art die beste ist, sich ihnen zu widmen. Sie erhalten zudem Selbstauskünfte über Lern- und Lesegewohnheiten, - stärken und -schwierigkeiten. Die Analyse einer Leseschwie-

rigkeit im Studium kann diese Selbstauskünfte zu Rate ziehen: Benötigen Sie zum Überwinden dieser Schwierigkeit eher etwas, das Ihre Stärken nährt, oder etwas, das auf der Verhaltens-, Organisations- oder sozialen Ebene anzusiedeln ist, oder benötigen Sie einen Impuls von außen (von Dozierenden, aus Fachliteratur, aus Lernmedien o. ä.), weil alte Muster und Modelle für diesen Zweck nicht funktionieren?
Erforschen Sie Lesebiografien in Ihrem Umfeld, suchen Sie nach Gemeinsamkeiten und Unterschieden. Beschreiben Sie sich selbst in wenigen Sätzen als mündige lesende Person.

Phase	Exemplarische Leseerfahrungen	Ihre Leseerfahrung?
Klein-/ Kindergar- tenkind	Vorgelesen bekommen Bilderbücher anschauen Ausdenken eigener Geschichten Verschmelzen mit Geschichten Reime, Lieder auswendig können	
Grundschule	Lesen lernen Wahrnehmung unterschiedlicher Lese-medien Vorgelesen bekommen, Hörspiele, Hör-bücher Verbindung aus Schreiben und Lesen Trennung von Schul- und Freizeitlesen	
Weiterfüh- rende Schule	Lesen vertiefen, Lesemenge erhöhen Fachtexte lesen Fremdsprachige Texte lesen Verbindung aus Schreiben, Lesen, Lernen Kennenlernen und Üben des Lesens lite-rarischer Texte	
Ausbildung, Studium	Lesen als professionelle Tätigkeit Management der Trennung von profes-sionellem und freizeitlichem Lesen, Verhältnis zum Lesen verändert sich	

Phase	Exemplarische Leseerfahrungen	Ihre Leseerfahrung?
	Selbstabstraktion, bewertendes Lesen Arbeit mit Gelesenem, Lesen als Arbeit, Lesen, um zu arbeiten Ausbildung von Lesemethodiken und unterschiedlichen Lesehaltungen Lesen wird komplex: Recherche, Er- kenntnis Problemlösung, Kommunikati- on, Lebenspraxis Kennenlernen und Üben des prüfenden Lesens	
ca. 25–35 Jahre	Ausbildung beruflicher Identität als Le- sender, Berufswahl, Weiterbildungen, berufliche Erfahrungen im Lesen Soziale Zugehörigkeit Wirkungsorte als Lesende Ausbildung von Lesefachkenntnissen Lesekrisen Auseinandersetzung mit Vorbildern, Begegnungen und Rollen Entfaltung von Individualität Evtl. Technisierung	

Besonderheiten des Lesens am Bildschirm

Der Diskurs über das Lesen am Bildschirm begleitete den Entste-
hungsprozess dieses Buches, und er veränderte sich massiv während
der vergangenen Jahre. Am Anfang stand eine grundsätzliche Skepsis
des Bildschirmlesens. Sie finden reichlich Statements, die vor den
Gefahren und Konsequenzen warnen: Es werde oberflächlich gelesen,
nicht kritisch hinterfragt, nicht gut memoriert und nicht mit
Vorwissen verknüpft. Zugleich neigten die LeserInnen dazu, ihre

Leseleistung am Bildschirm zu überschätzen. Es hat darüber hinaus den Nachteil, dass Ihre Konzentration nachlässt, weil das Bildschirmlesen häufig nicht offline und auf den Text fokussiert abläuft, sondern andere Websites, Dokumente, Netzwerktools auch geöffnet und aktiv sind. Viele dieser Vorannahmen sind mittlerweile in der der sogenannten »Stavanger-Erklärung« zugrundeliegenden Metastudie bestätigt. Diese Metastudie baut auf 54 Einzelstudien mit mehr als 170 000 Teilnehmer-Innen aus unterschiedlichen Lesekulturen auf. Die Erklärung wurde von der internationalen Forschungsinitiative E-READ von etwa 200 WissenschaftlerInnen nach einer Tagung in Stavanger im Jahr 2018 abgegeben. Demnach habe sich gezeigt, dass das Verständnis langer Informationstexte beim Bildschirmlesen schlechter ist als beim Lesen auf Papier, insbesondere dann, wenn der Leser unter Zeitdruck steht und das Lesen nicht angeleitet wird. Damit ist eine klassische Studiensituation beschrieben. Beim Verständnis von narrativen Texten wurden hingegen keine Unterschiede festgestellt.[17]

Schaut man genau hin, stellt man fest, dass die beschriebenen Defizite nur teilweise die Bildschirmsituation als Ursache haben und weitere Gründe in den allgemeinen Arbeits- und Studienbedingungen, vielleicht auch in der Lebensgestaltung liegen. Doch es steht gar nicht unbedingt zur Wahl, ob Sie am Bildschirm oder auf Papier lesen wollen; Bildschirmlesen wird zukünftig selbstverständlich stattfinden. Sie werden ohne digitale Texte nicht erfolgreich studieren und Ihr Studium auch nicht organisieren können. Dabei sind – wie in anderen Lernprozessen auch – vier Ebenen der Verschränkung des Bildschirmlesens mit dem Lesen auf Papier zu beobachten:

1) Bildschirmlesen **ersetzt** das analoge Lesen, z. B. schaffen Hochschulbibliotheken keine gedruckten Zeitschriften mehr an, sondern erwerben Lizenzen, und Sie können im Campusnetz auf digitale Ressourcen zugreifen.

---

17 Evolution of Reading in the Age of Digitalization: Stavanger-Erklärung 2018.

2) Bildschirmlesen **ergänzt** das analoge Lesen (hybrides Lesen), z. B. indem Sie Online-Wörterbücher und -Enzyklopädien nutzen, während Sie am Ausdruck lesen.
3) Digitale Angebote **adaptieren** das analoge Lesen, z. B. durch realistische Blättereffekte, durch die Funktion Text-to-Speech oder die Möglichkeit, angereicherte digitale Ausgaben von Texten nutzen zu können.
4) Bildschirmlesen **verändert** das analoge Lesen, z. B., indem das analoge Lesen um Social Reading erweitert wird, aber auch, indem die Aufmerksamkeitsspanne und Geduld für analoges Lesen kürzer werden.

Das bedeutet, dass es sinnvoll ist, neben allgemeiner akademischer Lesekompetenz auch professionelle Bildschirmlesekompetenz auszubilden und dabei immer wieder zu beobachten, wo Sie stehen, was sich verstetigt hat, wo spezifische Schwierigkeiten des Lesens am Bildschirm auftauchen und welche eigenständigen, positiven Effekte das Bildschirmlesen auf Ihre wissenschaftliche Arbeit hat.
Aus meiner Beobachtung möchte ich folgende Beobachtungen und Umgangsweisen mit Ihnen teilen:

1. Ein wesentlicher Kritikpunkt am Bildschirmlesen ist mangelnde Konzentration, hervorgerufen durch zu viele Ablenkungen. Diese Ablenkungen sind teils in digitalen Medien angelegt. Multimediale Informationen und Hypertexte mit der folgenden virtuellen Wegbewegung vom Haupttext etwa können schnell die Aufmerksamkeit zerstreuen, ohne dass bekannte Konzentrationsstörer wie Soziale Medien und E-Mail ins Spiel kamen. Hier kann z. B. die Visualisierung des eigentlichen Leseziels und der Aufgabe helfen, die neben dem Bildschirm liegt. Hilfreich war weiterhin eine bewusste zeitliche Begrenzung des Lesens, die vorsah, dass der Text ein erstes Mal gelesen sein musste, und erst in der verbleibenden Zeit waren Hyperlinks »erlaubt«.
2. Lesen ist ein körperlicher Akt; mangelnde Aufnahme- und Verstehfähigkeit kann an Ermüdung der Augen oder muskulärer

Verspannung liegen. Das Lesen ist häufig eingebettet in andere Tätigkeiten am Bildschirm, insofern sind unsere Augen besonders gefordert. Sie brauchen Pflege. Es lohnt sich, für ein effektives Lesen am Bildschirm gute physische Voraussetzungen zu schaffen, bewusste Pausen einzulegen, in denen die Augen geschlossen werden oder der Blick unterschiedliche Distanzen und Bewegungen erfassen kann.

3. Lesen am Bildschirm erfolgt häufig intuitiv und infolge von äußeren Reizen und Anforderungen, an die wir uns anpassen. Ebenso, wie ein Bewusstsein für die körperlichen Voraussetzungen zu schaffen, hat es sich für mich als hilfreich erwiesen, Routinen, Prozesse, Begleitmaterialien für digitale Lesephasen zu erstellen, die helfen, typische »Fallen« zu umgehen: von der zeitlichen Begrenzung war bereits die Rede; wichtige Texte begleite ich nach digitalen Lesezeichen immer mit einem handschriftlichen Exzerpt bzw. einer Notiz, damit sich wenigstens die wichtigste Information im Gedächtnis verankert und diese Information auch ohne Stromanschluss – und weitere Ablenkungsgefahr – wiederzufinden und zu verwenden ist.

   Neben den handschriftlichen Hilfen habe ich mir im Laufe der Zeit auch eine Reihe digitaler Hilfsmittel ausprobiert – Lesenotizen in Word, in Excel, in Citavi, in einem privaten Blog ... Es dauerte eine Weile, bis ich für mich ein Verfahren fand, das gut funktioniert – und es ist hybrid, bestehend aus digitalen und handschriftlichen Anteilen. Insofern kann ich Ihnen keine ultimative Empfehlung geben, außer der Bestärkung, sich ans Experimentieren und Auswerten zu begeben, um einen eigenen Stil zu finden – und natürlich in den Studiendiskurs zu gehen, um aktiv nach neuen Standards, Erwartungen und Umgangsformen mit digitalen Texten Ausschau zu halten.

»Da das Bildschirmlesen weiter zunehmen wird, müssen wir dringend Möglichkeiten finden, das tiefe Lesen langer Texte in Bildschirmumgebungen zu erleichtern. [...] Im Blick [sic!] auf die Erziehung bedeutet dies zum Beispiel die Entwicklung eines empirisch validierten Unterrichts in digitalen Lesefertigkeiten (Auswahl, Bewertung und Integration der vorfindlichen digitalen Information sowie die Navigation in diesen Umgebungen). Solche digitalen Fähigkeiten werden in vielen Zusammenhängen anwendbar sein, zum Beispiel im Umgang mit staatlichen und anderen öffentlichen Informationsquellen.«[18]

Aus dem Zitat von 2018 geht hervor, dass man diese Möglichkeiten noch nicht vollständig kennt und es diesen Unterricht noch nicht gibt. Das bedeutet zum einen: Sie müssen (noch) individuelle Strategien entwickeln. Es bedeutet zum anderen: Sie sind eingeladen, sich in diesen Entwicklungsprozess einer digitalen Lesedidaktik kritisch und produktiv einzubringen und ihn mitzugestalten.

Obwohl in den meisten Studien und auch in der Selbstbeobachtung das Bildschirmlesen im Vergleich zum Papierlesen im Allgemeinen weniger intensiv und effektiv ist, gibt es auch Untersuchungen, die belegen, dass bei Problemlösungen mit bestimmten Aufgabenstellungen und unter bestimmten Bedingungen beim Bildschirm- und Papierlesen gleichwertige Ergebnisse erzielt wurden.[19] Ein wesentlicher Punkt ist aber, dass es für das Bildschirmlesen eben dieser Aufgabenstellungen und Bedingungen bedarf; sie müssen ausgesprochen bzw. hergestellt werden, wohingegen die Probanden beim Lesen auf Papier grundsätzlich problemlösend vorgingen. Dabei scheint das Bildschirmlesen unmittelbare Ergebnisse zu bevorzugen: Aufgaben, an deren Ende ein definiertes Ziel erreicht werden sollte, wurden in beiden Leseformen gleichermaßen effektiv gelöst. Aufgaben, die zur Vorbereitung auf andere Aufgaben dienten, schnitten auf Papier besser ab. Die Aufgabe, einen Text mittels Stichwörtern zusammenzufassen, wurde am Bildschirm und auf Papier gleich gut gelöst. Allerdings wurden diese Studien unter Laborbedingungen durchgeführt; die Kognitionspsychologin Rakefet Ackerman äußert, dass diese Bedingungen zur Verbesserungen der Effektivität von Bildschirmle-

---

18 Evolution of Reading in the Age of Digitalization: Stavanger-Erklärung 2018.
19 Vgl. Evolution of Reading in the Age of Digitalization: Stavanger-Erklärung 2018, S. 1.

seprozessen im Alltag noch nicht erforscht sind.[20] Auch in der Stavanger-Erklärung wird Bildschirmlesen dann als vorteilhaft hinsichtlich Textverständnis und Lesemotivation gegenüber dem Papierlesen gesehen, wenn die digitale Leseumgebung und die Textpräsentation sorgfältig auf die Bedürfnisse und Vorlieben der LeserInnen zugeschnitten werden.[21]

Zweifellos hat das Bildschirmlesen erhebliche Vorteile, um wissenschaftliches Arbeiten zu beschleunigen und zu bereichern, von der Dokumentenlieferung über die Buchvorschau bis zur Volltextsuche. Es ist zudem unvermeidbar, weil viele Fachzeitschriften nur noch als digitale Ausgabe verfügbar sind, weil Dissertationen online veröffentlicht werden, weil WissenschaftlerInnen Texte auf der eigenen Website veröffentlichen und weil Blogs und Mailinglisten zu selbstverständlichen Formen wissenschaftlicher Publikation und Kommunikation gehören. Damit stieg die Textproduktion in den vergangenen fünfzehn Jahren immens an und LeserInnen wurden zunehmend unabhängig vom physischen Buchbestand ihrer Bibliothek. Auch ArchivnutzerInnen profitieren von Digitalisaten; lange, kostspielige Reisen entfallen dank Scans. Die Wissenschaften haben ihre eigenen Formen von Social Reading und nutzen diese zum Austausch, zur Kooperation und zur Wissensproduktion; es gibt also selbstverständlich akademisches Bildschirmlesen, aber noch fehlt eine spezifische Didaktik. Zuletzt ist ein janusköpfiger Vorteil zu nennen: Sie können Ihr Bildschirmlesen unmittelbar mit der Datenverwaltung und dem Schreiben verknüpfen. Die zähen »alten« Arbeitsschritte wie das Erstellen und Überprüfen von Literaturverzeichnissen werden auf der einen Seite automatisiert und bringen insofern Erleichterung und Zeitgewinn. Auf der anderen Seite verleitet es dazu, Texte ausschließlich aus Bausteinen anderer Texte zusammenzufügen, ohne jene zu durchdringen, ohne sie im wissenschaftlichen Sinne weiter zu

---

20 Küchemann/Ackerman 2017, siehe auch: Sidi/Ophir/Ackerman (2016).
21 Evolution of Reading in the Age of Digitalization: Stavanger-Erklärung 2018.

verarbeiten und darum auch, ohne neuen wissenschaftlichen Wert zu schaffen.[22]

Konzentration

»Die wichtigste Voraussetzung für die Aufnahme von gelesenen Informationen ist die Konzentration. Ohne sie kann man die Bedeutung von Gelesenem nicht wirklich erfassen und verstehen. Schüler, die sich nicht ausreichend konzentrieren können, haben eben auch Schwierigkeiten beim Lesen.«[23]

Zwischen Lesen und Konzentration bestehen Abhängigkeitsverhältnisse. Viele Leseprobleme gründen auf Konzentrationsproblemen. Sie können tiefer und effektiver lesen, wenn Sie sich gut konzentrieren können. Es ist ein Gewinn an Arbeits- und Lebensqualität, wenn in regelmäßigen Abständen tiefe Konzentration gelingt. Csikszentmihalyis Studien zum »mentalen Flow« brachten als ein überraschendes Ergebnis hervor, dass Entspannung nicht unbedingt glücklicher macht als Arbeit; es ist eine Frage des Modus.[24] Auf das Lesen können wir übertragen: Es ist nicht zufriedenstellend, wenn Sie auf eine Weise lesen müssen, bei der Sie den äußeren Rahmen, die Struktur des Lesens stets neu schaffen müssen, selbst dann nicht, wenn sie dabei entspannt oder in der Freizeit sind. Wenn Ihr Lesen aber so gerahmt ist, dass es klare Ziele und Anforderungen gibt, dass Sie Feedback bekommen, dass Sie Raum, Zeit und ein soziales Umfeld haben, die Ihnen erlauben, im Lesen aufzugehen und sich zu vertiefen, dann ist es befriedigender als das unstrukturierte, aber entspannte Lesen. Es lohnt daher, dauerhafte Strukturen zu schaffen, die Ihnen das Vertiefen und Konzentrieren ermöglichen.

---

22 Vgl. zu diesem Abschnitt auch Newport 2017; Wolf 2018.
23 Centmayer 2011.
24 Csikszentmihalyi 1990, S. 162.

Newport schlägt dafür vier »Philosophien« vor:[25]

1) Mönchisch: Sie ziehen sich zum Lesen für einen längeren Zeitraum zurück und kapseln sich vollständig von der Welt ab, um zu lesen: keine E-Mails, keine unnötigen Fahrzeiten, keine Ablenkungen, keine Einkäufe. Ein solcher Zeitraum will gut vorbereitet werden. Viele Hochschulen wissen um die Bedeutung solcher Phasen und planen inzwischen »Lesewochen« ein. Es gibt auch private Angebote, bei denen Sie sich in ein Kloster oder einen Working-Space einmieten und die Dienstleistung buchen können, dass Ihnen alles Alltägliche vom Hals gehalten wird und zugleich alle grundlegenden Bedürfnisse ohne Aufwand erfüllt werden: für Speisen, Getränke und eine Chaiselongue ist gesorgt.

2) Bimodal: Sie teilen Ihre Zeit in abwechselnde Phasen auf, die je für konzentriertes und für kommunikatives oder sequenzielles Arbeiten reserviert sind; etwa in einer Einteilung der Vor- und Nachmittage oder in einer Einteilung Freitag bis Montag: Konzentration, Lesen, Dienstag bis Donnerstag: Kommunikation, Literaturbeschaffung, Seminare.

3) Rhythmisch: Sie reservieren nicht unbedingt feste Zeiten für die Konzentration (vielleicht hilft Ihnen aber doch eine feste Startzeit), aber unterwerfen sich einer Regel, z. B.: »Jeden Tag zwanzig Minuten/dreißig Seiten konzentriert lesen.« Wenn Sie dieser Regel gefolgt sind, machen Sie ein rotes Kreuz an diesem Tag im Kalender. Bald sollte eine Kette aus roten Kreuzen sichtbar sein. Ziel ist, dass die Kette nicht reißt. Acuff verweist auf seine Erfahrung als Coach, wonach die meisten Menschen aus einem Lernprogramm nicht am 15. oder 30. Tag aussteigen, sondern bereits am zweiten Tag.[26] Wenn also die beiden ersten Kettenglieder stehen, wird es leichter.

25 Newport 2017, S. 101-117.
26 Acuff 2018, S. 17.

4) Journalistisch: Sie üben den schnellen Wechsel vom Betriebsamkeitsmodus in den Konzentrationsmodus – Flugzeugmodus anstellen, Schallschutzkopfhörer aufsetzen, entscheiden, was nun zu welchem Zweck auf welche Weise gelesen wird. Newport nennt dies deshalb »journalistisch«, weil er an einem befreundeten Journalisten beobachtet hat, dass dieser auch unter Abgabedruck und mit vielen Unterbrechungen fast übergangslos zwischen vertieftem und geschäftigem Arbeiten wechseln konnte.[27] Es scheint mir wichtig, zu betonen, dass diese Haltung herbeigeführt werden muss und es nicht darum geht, auf äußere Impulse zu reagieren. Es ist ein bewusstes Umschalten, keine intuitive Reaktion. Als gutes Training erweist sich etwa der Einsatz der »Pomodoro-Technik«.

Technik: Pomodoro-Technik

Der Name der Technik leitet sich von einer Eieruhr in Form einer Tomate ab und hat darüber hinaus nichts mit Tomaten zu tun. Der Erfinder dieser Selbstmanagement-Technik, Francesco Cirillo, nutzte jene Eieruhr, um ein Intervall von 25 Minuten abzumessen, innerhalb dessen er konzentriert an einer Aufgabe arbeiten wollte. Falls Ihre Konzentrationsspanne weniger als 25 Minuten umfasst, passen Sie Ihre Stoppuhr oder Ihren Wecker entsprechend an. Üblicherweise werden vier Intervalle empfohlen, zwischen denen immer fünf Minuten Pause liegen, also: 25 Minuten Arbeiten, fünf Minuten Pause, jeweils mit vier Wiederholungen.

Falls Sie anschließend einen weiteren Block einplanen können, empfiehlt sich nach vier Intervallen, also zwei Stunden intensiver Arbeit, eine längere Pause von etwa dreißig Minuten.[28]

Auch das Verhalten gemäß dieser Konzentrationsphilosophie braucht Übung und Routine. Diese wiederum setzen die Bereitschaft

---

27 Newport 2017, S.114.
28 Vgl. Menne/Zarna 2019.

voraus, sich darauf einzulassen, Willenskraft, um durchzuhalten, und Selbstdisziplin, um der Selbstverpflichtung nachzukommen. Das klingt wenig attraktiv und will trainiert werden. Es hat sich als hilfreich erwiesen, die Konzentrationsfähigkeit nicht »hart« zu trainieren, sondern achtsam und aufbauend. Planen Sie Auszeiten ein, um die Energie zu tanken, die Sie für Willenskraft und Durchhaltevermögen brauchen. Nutzen Sie Konzentrationsspiele, die Ihnen Freude machen und die ästhetisch ansprechend gestaltet sind. Drehen Sie nach Möglichkeit Ihre Tagesplanung um: Reservieren Sie nicht das kleine Zeitfenster für die Konzentration und den restlichen Tag für Zerstreuung, und Freizeit, sondern reduzieren Sie die Zeit für Entspannung auf eine Stunde und den Rest der (Arbeits-)Zeit sind Sie konzentriert. Definieren Sie Konzentrationserfolge und belohnen Sie sich dafür. Strukturieren Sie Ihre Arbeit; das Wichtige und Schwierige kommt in Konzentrationsphasen zuerst. Vergegenwärtigen Sie sich die Ziele, die Sie mit einer Leseaufgabe verbinden, und verpflichten Sie sich dazu, gemäß dieser Ziele zu lesen – und davon nicht abzuweichen.

Die Mühe lohnt sich, denn es gibt viel zu gewinnen: innere Ruhe, berufliche Zufriedenheit, bessere Arbeitsergebnisse, ununterbrochene Gedankengänge, tiefes Verstehen komplexer Zusammenhänge. Es ist eine geisteswissenschaftliche Schlüsselkompetenz, Konzentrationsfähigkeit herstellen zu können.

3

Lesezeit

Eine der wichtigsten Ressourcen für erfolgreiches Lesen im Studium ist Zeit. Sie wird bekanntlich vor allem dann spürbar, wenn sie knapp ist. Ärgerlicherweise verdichten sich im Stress vor Abgabeterminen oder Prüfungen die Informationen und das Lernen, es bilden sich ausgerechnet dann neue Bezüge, Wissensnetze und Zusammenhänge. Es ist bedauerlich, dass in dieser dynamischen Phase oft keine Zeit für vertiefendes Lesen bleibt – und natürlich noch weniger, um sich im Netz der Texte treiben zu lassen, um beiläufig Neues zu entdecken und offen für Impulse zu sein. Viele Leseschwierigkeiten sind zeitabhängig. Es wäre häufig kein Problem, einen Lektürestapel von zwanzig Titeln mit teils komplexen Inhalten zu bewältigen, stünde ein halbes Jahr zur Verfügung. Aber es ist ein Problem, denselben Lektürestapel innerhalb von sechzehn Stunden zu bearbeiten. Die Dimension Zeit erfordert andere Arbeitsweisen und Strategien und sie zwingt Sie dazu, Ihre Ziele stärker auf das Kurzzeitgedächtnis und die Verwertung im Prüfungszusammenhang anzupassen. Darum behandelt dieses Kapitel zeitbezogene Lesetechniken und -methoden.

Schnelles Lesen und langsames Lesen sowie Bildschirm- oder Papierlesen sind nicht *grundsätzlich* besser oder schlechter als das jeweils andere. Sie erfüllen jedoch **unterschiedliche Zwecke.** Zum wissenschaftlichen Lesen gehört die Aufgabe, zu entscheiden, wann Sie schnell und wann Sie langsam lesen sollten, und die Kompetenz, Ihre Lesegeschwindigkeit der jeweiligen Anforderung anpassen zu können. Als grobe Orientierung mag dienen:

* **schnelles Lesen** für Überblick, Auswahl, Textstruktur, Belege finden oder überprüfen, Daten entnehmen, ersten Eindruck.
* **langsames Lesen** für Nachvollzug, Verstehen, Kritik, Einprägen, Vortragen und Rezitieren, Interpretation, Analyse, Vergleich, Genuss.

Natürlich können Sie mit Training und Erfahrung das Tempo Ihres »langsamen Lesens« erhöhen (▸ Schnelles Lesen). »Langsam« und »schnell« sind insofern keine absoluten zeitlichen Kategorien, sondern beschreiben eine Lesehaltung, die vom Lesezweck bestimmt wird. Beide Geschwindigkeiten erfordern übrigens hohe Konzentration. Die Kritik am »schnellen Lesen« meint häufig nicht das Lesetempo, sondern unterstellt Flüchtigkeit, Oberflächlichkeit, Konsumhaltung, mangelnde Kritikfähigkeit und -absicht. Der bewusste und kompetente Einsatz von Schnelllesetechniken ist hingegen ein wichtiger Schritt in langen und komplexen Leseprozessen.

Schnelles Lesen

Eine verbreitete und populäre Strategie im Umgang mit Zeitnot beim Lesen ist der Einsatz von Schnelllesetechniken. Viele denken hier zuerst an Speed Reading, das für Situationen wie oben geschildert ideal zu sein scheint: Warum nicht zwanzig Bücher in sechzehn Stunden ohne Verständnis- und Vollständigkeitsverlust lesen – einfach sehr schnell? Da jedoch dieses Bedürfnis meist von Stress ausgeht, ist es in der akuten Situation zu spät, Speed Reading so zu erlernen und zu üben, dass Sie es abrufen können. Entscheidend für das Arbeitsergebnis, auf das Ihre Lektüre zielt, sind Ihre Auswahl und das Verstehen gründlich gelesener Passagen sowie die Fähigkeit, Bezüge zwischen Texten zu erkennen. Diese Techniken und Methoden setzen voraus, dass Sie ein Leseziel haben: Sie wollen z. B. bestimmte Informationen erhalten, etwas herausfinden, Belege sammeln, Deutungsangebote für einen Text oder Sachverhalt versammeln, um eine eigene Deutung daraus zu entwickeln.

Judith Wolfsberger schlägt vor, auf Grundlage der eigenen Leseziele die gesichtete Literatur in *Basisbücher*, *Nebentexte* und *Retouren* zu klassifizieren. *Basisbücher* liefern Material, Daten, Thesen, Vorgehensweisen. Sie nutzen sie wiederholt bis in die Schlussredaktion Ihrer Texte hinein. Sie sollten sie querlesen, um einen Überblick über den Inhalt zu haben und Markierungen zum raschen Wiederauffinden zentraler Punkte anbringen. Da Sie sie wiederholt zur Hand nehmen, werden Sie diese Texte mit unterschiedlichen Lesegeschwindigkeiten bearbeiten. *Nebentexte* enthalten Details. Wolfsberger empfiehlt, nur punktuell in diesen Texten zu lesen, die wichtige Stelle zu markieren und dann zum nächsten Text überzugehen. Die Geschwindigkeit ist hier eine radikale Reduktion auf das Lesen der Stellen, die für Sie unmittelbar nützlich und nötig sind. *Retouren* lesen Sie nicht intensiv, weil sie für Ihr Leseziel nicht relevant sind. Sie bringen sie nach dem Blick ins Inhaltsverzeichnis und ggf. der Lektüre des Abstracts/ Fazits zurück in die Bibliothek.[29] Sie beschleunigen ihr Tempo mit dieser Klassifikation, indem Sie Ihren Lesestoff konsequent reduzieren. Erfahrungsgemäß kostet diese Reduktion Überwindung. Wenn Sie sich aber vergegenwärtigen, wieviel es zu lesen und zu wissen gibt, dann wird deutlich, dass Sie ohnehin eine Auswahl treffen müssen. Dafür brauchen Sie Kriterien, z. B. folgende vier:

1) Ist der Text für meine Fragestellung/Aufgabe relevant?
2) Ist der Text von der Dozentin/vom Dozenten oder von der Prüferin/vom Prüfer vorgegeben bzw. erwähnt?
3) Ist mir der Text im Fachdiskurs aufgefallen, wird er oft erwähnt?
4) Ist der Text für mich leicht verfügbar und ressourcenschonend zu bearbeiten?

> **Übung: Lesezielpräsenz**
> Notieren Sie dieses Leseziel bzw. Ihre Leseziele oder die Leitfrage auf eine präsente Weise, z. B. in großer Schrift auf einem einzelnen A4-Blatt. Achten Sie darauf, dass Sie Ihre Leitfrage bei den Arbeitsschritten zur Auswahl und Reduzierung der Textmenge im Blick behalten.

Arbeitsschritt: Verzeichnisse und Metatexte lesen

Das Lesen von Verzeichnissen und Metatext ist zunächst die einfachste und wichtigste Schnelllesetechnik. Sie lesen den Text in diesem Fall nicht linear von vorne nach hinten. Das Lesen von Verzeichnissen kann beginnen, noch ehe Sie das Buch in der Hand halten. Bibliothekskataloge führen Metatext zum Buch – das sind Texte über Texte, also z. B. Klappentext, Angaben zu Umfang, Verlag,

---

29 Wolfsberger 2016, S. 126 f.

Reihe, Schlagworte, bei wissenschaftlichen Sammelbänden oft auch die Einleitung der HerausgeberInnen und manchmal auch Rezensionen. Die Metatexte informieren Sie über die Einbindung des Textes in seinen Entstehungs- und Rezeptionszusammenhang. Wenn Sie sich z. B. in das Themengebiet »Digital Humanities« einarbeiten, stellen Sie im Metatext des Treffers im Bibliothekskatalog fest, dass manche Titel dem Fachgebiet Soziologie zugeordnet werden, andere hingegen der Literaturwissenschaft und wieder andere sind unter »Wissenschaft, allgemein« gelistet. Hier können Sie anhand des Metatextes Ihren Lesestoff priorisieren bzw. eine Vorauswahl treffen.

Bibliothekskataloge und Metakataloge – d. h. Suchmaschinen, mit denen Sie viele Kataloge gleichzeitig abfragen können, z. B. der Karlsruher Virtuelle Katalog – bieten Ihnen mitunter noch mehr, um die Arbeit am Text schnell zu gestalten, z. B. die Vorschau des Inhaltsverzeichnisses. Sie können bei neueren Titeln oder teils sogar bei noch nicht veröffentlichten auch Vorschauen von Online-Händlern und der Verlage verwenden. Oft halten diese ein Inhaltsverzeichnis und ein Testkapitel bereit, manchmal ist auch eine Volltextsuche in den Teilen möglich, für die keine Vorschau genehmigt ist. Die Textschnipsel aus dem Suchtreffer können Sie in der Regel dennoch sehen und entscheiden, ob es lohnt, das Buch genauer zu betrachten.

Nun beginnt – im Katalog oder am Text – die Arbeit in den Verzeichnissen. Inhaltsverzeichnisse und Zwischenüberschriften zeigen Ihnen sowohl die Textstruktur, als auch über Inhalte und deren Details, Binnenthemen oder Vergleichswerke. Literaturverzeichnisse zeigen Ihnen mit einem schnellen Blick, welche AutorInnen häufig und mit vielen Werken als Referenz dienten; falls Sie bereits wichtige Beiträge zum Thema kennen, sehen Sie auch, ob diese Beiträge hier verwendet wurden. Sie sehen am Literaturverzeichnis weiterhin, wie eng oder weit der fachliche Rahmen gesteckt ist – werden überwiegend Titel mit hoher Spezialisierung genannt? Oder viele Titel mit interdisziplinärer Relevanz und einflussreiche theoretische Werke?

Falls Texte im digitalen Volltext bzw. mit digitaler Suchfunktion vorliegen, können Sie im Vorfeld der Lektüre und Suche auch mit

Blick auf Ihr Thema bzw. Ihre Leseaufgabe eine Schlagwortliste erstellen und dann die Dokumente nach diesen Schlagworten absuchen. Die Vorschau bzw. ein konzentrierter, auswählender Blick in die Trefferliste verdeutlicht, welche Textstellen oder -passagen sich für eine gründliche Lektüre anbieten.

Technik: Überfliegendes Lesen

Neben dem Lesen von Verzeichnissen und Metatext – oder wenn diese fehlen – kann das Auswählen von Passagen auch durch überfliegendes Lesen erfolgen. Ziel ist es dabei, Textpassagen für die intensive, zielführende Lektüre auszuwählen, um nicht den gesamten Text von vorne nach hinten lesen zu müssen. Intuitiv werden Sie das schon gemacht haben: Sie erlauben sich, sich von der Wort- und Satzfolge zu lösen, lassen die Augen über das Papier schweifen, lesen vielleicht gezielt nur den ersten und letzten Satz eines Abschnitts oder blicken auf das Papier und lesen den Satz, an dem Sie hängenbleiben. Sie nutzen Hervorhebungen im Layout, die Sie durch die Lektüre leiten können. Viele wissenschaftliche Texte haben Zwischenzusammenfassungen oder Abstracts, die Ihnen schnell einen Überblick über Leitfragen, Vorgehensweisen, Material und Ergebnisse geben und mitunter das Lesen des gesamten Textes ersparen. Wenn Sie hingegen die Argumentation oder den Vergleich nachvollziehen wollen und nach Zusammenhängen suchen, genügt überfliegendes Lesen nicht.

Die Augenbewegung beim Überfliegen kann von oben nach unten geführt werden, in Schlangenlinien durch den Text fahren und über einzelne Passagen querlaufen. Sie können mit dem Fokus Ihrer Augen spielen. Auch dies ist eine Frage der Übung, es mag anfangs anstrengend sein. Dabei nehmen Sie in Kauf, dass Sie möglicherweise wichtige Passagen übersehen oder anschließend nur wenige Aussagen über den Text machen können; vielleicht sind Ihnen nur ein, zwei Aspekte im Kopf geblieben. Aber vielleicht ist das ja auch nicht Teil der Aufgabe. Daraus folgt erneut: Es ist erforderlich, die

Aufgabe zu kennen oder einer eigenen Leitfrage nachzugehen, um gezielt suchen und passend auswählen zu können. Das überfliegende Lesen setzt voraus, dass Sie wissen, wonach Sie suchen oder dass Sie ein Thema oder eine Fragestellung haben, zu dem/der Sie das Material sichten und anschließend auswählen. Wenn Sie dabei etwas wahrnehmen, das nicht mit der Aufgabe zu tun hatte, aber grundsätzlich vielleicht interessant wäre, dann ist nun nicht der richtige Zeitpunkt, dem genauer nachzugehen. Legen Sie ein Dokument oder Notizsystem an, in dem Sie diesen interessanten Nebenwegen Raum geben, sodass Sie zu einem späteren Zeitpunkt zu ihnen zurückkehren können. Aber halten Sie sich jetzt nicht damit auf.

Mit dem Lesen von Verzeichnissen und Metatext können Sie die zu lesende Textmenge einschränken und schneller bearbeiten. Beim überfliegenden Lesen wählen Sie ebenfalls Texte für einen weiteren, intensiveren Lesedurchgang aus und reduzieren auf diese Weise die Textmenge. Sie machen sich aber auch in einem ersten Schritt mit dem Text vertraut. Sie haben erste Eindrücke von Sprache und Stil, Sie können vielleicht grundsätzliche Strukturen erkennen, ob es sich also z. B. um einen Vergleich, eine empirische Studie, eine Interpretation oder einen informationsorientierten Handbuchtext handelt. Mit diesem Wissen über den Text können Sie Ihre Lesehaltung noch einmal überprüfen.

Technik: Diagonales Lesen

Etwas strukturierter mit der Kombination aus Metatextlesen und Überfliegen gehen Sie beim diagonalen Lesen vor. Hier verlassen Sie sich auf die Kompetenz von AutorInnen und LayouterInnen – Sie lesen Inhaltsverzeichnis und Abstract, den ersten und/oder letzten Satz eines jeden Absatzes, Zwischenüberschriften, Hervorhebungen und Aufzählungen. Sie achten neben Ihren eigenen Schlüsselbegriffen auch auf textgliedernde Phrasen oder auf Worte wie »Fazit ...«, »Zusammengefasst lässt sich sagen ...«, »Kurz: ...« etc. Dabei verlassen

Sie sich darauf, dass die Autorin die Regeln wissenschaftlichen Arbeitens angewandt hat und ihrer eigenen Gliederung folgt. Es dient nicht dem Blick auf Details, nicht dem Kontextualisieren, nicht dem tiefen Verständnis der Inhalte und auch nicht der Wahrnehmung von Stil und Sprache. Das diagonale Lesen hat zum Ziel, die Textstruktur zu erfassen, Informationen zu gewinnen, Ergebnisse zu sichern und einen Eindruck von Stil und vom Duktus zu bekommen.

Übung: Schlüsselphrasen
Legen Sie ein Verzeichnis von Schlüsselphrasen und Keywords an, die auf Ergebnisse, Thesen und Schlüsse verweisen. Je nach fachlicher Ausrichtung, Zweitsprache etc. legen Sie diese Keywords auch in den für Sie relevanten Fremdsprachen an.
Sie verschaffen sich mit diesen Schnelllesetechniken zudem Zeit für die wichtigen Texte, die Sie intensiv lesen sollten. Sie können weiterhin die bereits ausgewählten Texte nach Relevanz für Ihre Arbeit und Leitfrage ordnen:

* Hohe Trefferübereinstimmungen, ähnliche Fragen und Perspektiven, große Textanteile mit inhaltlichem Bezug, aktueller Text und von einer/einem häufig an anderen Stellen zitierten AutorIn verfasst? → Hohe Priorität.
* Vereinzelte Treffer, anderes Fachgebiet, andere inhaltliche Schwerpunkte, nur Seitenaspekte, Text schon älter als zehn Jahre (wenn kein Primärtext)? → Geringe Priorität.

Gerade weil diese Lesetechniken auf Überblick setzen, braucht man einen frischen Kopf. Die Augen ermüden und nach ca. zwanzig Minuten lässt die Konzentration nach. Dann besteht das Risiko, unkonzentriert den Text zu überfliegen, ihn nicht mehr aufmerksam wahrzunehmen und nicht angemessen auszuwählen. Das ist insbesondere dann der Fall, wenn das überfliegende und diagonale Lesen eher zur Kompensation von Zeitnot als zur Auswahl passender Textpassagen eingesetzt werden. Die Studienpraxis steht dem nicht unbedingt entgegen; vielleicht ergibt sich im Seminar die Gelegenheit zum vertieften Lesen der Textpassagen, die dann diskutiert werden.

Technik: Punktuelles Lesen

Wenn Sie im Überfliegen und im Lesen der Metatexte einzelne Textstellen ausgewählt haben, lesen Sie diese nun punktuell genauer. Wenn Sie einem Verweis aus einem anderen Text folgen, lesen Sie vermutlich nur auch nur den Textteil, dem der Verweis oder der Beleg galt. Hier brauchen Sie wieder Ihren Zettel mit dem Leseziel im Blick. Punktuelles Lesen ist dann gut einzusetzen, wenn Sie eine Hypothese haben und Belege sammeln. Auch für Argumentationen eignet sich diese Technik, durch punktuelles Lesen sammeln Sie Pro- und Contra-Argumente aus anderen Texten, um sie in eigenen Worten darzustellen und um zu einer eigenen Argumentation zu kommen.

Das punktuelle Lesen erfolgt konzentriert und genau. Es ist effizient. Sie suchen gezielt und ausschließlich nach Belegen, Informationen und treffenden Zitaten und können diese bei späteren Textdiskussionen wieder sicher verorten.

Methode: Speed Reading

Speed Reading ist quantifizierbar, vergleichbar, leistungsorientiert und technikaffin. Tatsächlich ist es ein großer Vorteil im Studium und in Berufen mit hohem Lesepensum, schnell und viel und verstehend lesen zu können. Wenn Sie in die Situation kommen, in der dies erforderlich ist oder eine große Erleichterung bieten würde (z. B. vor Prüfungen), können Sie auf diese Methode zurückgreifen – vorausgesetzt, sie wurde zuvor mit Ausdauer und Regelmäßigkeit eingeübt und gepflegt. Außerdem schult das Speed-Reading-Training die Konzentrationsfähigkeit, Gedächtnisleistung, Leistungsbereitschaft und Zielstrebigkeit, was auch in anderen Studienzusammenhängen hilfreich ist. Speed Reading verändert nicht unbedingt das Lesen selbst; es setzt auf lineares, sequenzielles Lesen. Das Tempo wird gesteigert, also die Zahl der Zeichen, die in einem Zeitraum wahrgenommen werden können.

Eine Grundregel ist das Vermeiden von Regression – lesen Sie also den Text zügig von vorne nach hinten und springen Sie nicht zurück. Dabei kann es helfen, den Blick mit einem Hilfsmittel wie einem Stift zu führen. Sie trainieren auf diese Weise Ihre Augen und schaffen so eine physiologische Grundlage für schnelles Lesen. Wenn Sie den Blick nicht bewusst führen, verweilt er intuitiv an manchen Stellen im Text länger als an anderen, folgt Reizbegriffen oder Hervorhebungen und sucht sich auf Blatt und Bildschirm den Ausschnitt, den er gut und ohne viel Anstrengung erfassen kann: seinen »Textraum«. Tatsächlich handelt es sich hier um ein körperliches Training, das die Augen darin übt, mit gleichmäßigem Tempo konsequent auf den Text zu blicken. Wie beim Lauftraining können Sie Ausdauer und Tempo mit Üben und Wiederholungen verbessern. Auch gute Rahmenbedingungen tragen dazu bei: Augenpflege (ausreichend Schlaf und Ruhepausen, Blick weg vom Monitor in die Ferne lösen o. ä.), Lichtverhältnisse, stabiler Kreislauf, gute Nahrung etc.

Außerdem setzt Speed Reading auf die Erhöhung der Merkfähigkeit und Gedächtnisleistung, denn das schnell Gesehene soll erfasst werden und für Prüfungs- oder andere Zwecke abruf- und anwendbar sein. Durch Training am gedruckten Text, teils auch mithilfe digitaler Tools[30] wird die Textmenge erhöht, die in einem begrenzten Zeitraum verstehend gelesen werden kann. Speed Reading ist trainingsintensiv, leistungsbezogen und vergleichbar. Es eignet sich für lange Texte und eine große Anzahl von Texten, die in kurzer Zeit gelesen werden sollen, ohne dass Verständnis- oder Detailverluste zu beklagen sind.

---

30 Z. B. Wort-für-Wort-Apps, bei denen stets nur ein Wort auf dem Display erscheint. Das Auge muss sich nicht bewegen, das Tempo des Aufleuchtens kann variiert werden.

Speed Reading ist in der akademischen Alltagssprache inzwischen ein Sammelbegriff für unterschiedliche Methoden und Arten, Texte schneller zu bearbeiten und gleichzeitig den Inhalt zu erfassen. Dazu gehört die Konzentration auf das Lesen: Wenn Sie sich nicht ablenken lassen, Ihr Lesen nicht aufgrund von Störungen oder knapper Zeitplanung unterbrechen müssen, sondern tief einsteigen können, sind Sie meist schneller fertig und haben einen besseren Bezug zum Gelesenen als nach unkonzentrierten Lesephasen. In diesem Sinne benötigen Sie nicht unbedingt Speed-Reading-Technik, um schneller zu lesen – vielmehr gewinnen Sie bereits dann wesentlich an Lesetempo, wenn Sie sich gut konzentrieren. Sie könnten insofern prüfen, ob Ihre »Baustelle« tatsächlich Speed Reading ist oder eben die Fähigkeit zur Konzentration. Da Konzentration über eine längere Zeitspanne hinweg – mehr als zwanzig Minuten – letztlich auch eine Voraussetzung des Speed Reading ist, lohnt im Zweifel eine Investition in Konzentrationstechniken und -training vor dem Erlernen der eigentlichen Lesetechnik.

Zu den Grundlagen des Speed Reading gehört neben der Konzentration weiterhin das Abstellen der »inneren Stimme«. Ungeübte Leser sprechen den gelesenen Text innerlich mit. Das Lesetempo ist also eigentlich ein Sprechtempo. Das Speed-Reading-Training setzt darauf, sich von der inneren Stimme zu lösen und das Lesetempo unabhängig vom Sprechtempo steigern zu können.

Um Speed Reading so zu trainieren, dass Sie es in Stresssituationen abrufen können, müssen Sie Zeit für Übung und Wiederholung einplanen. Auch ein Trainingsplan kann helfen; dafür sollten Sie Ihr Lesen zunächst quantifizieren und messen, wie viele Wörter Sie pro Minute lesen. Dann legen Sie Trainingsziele fest. Sie können sowohl zum Training als auch zur Dokumentation und zur Anwendung eine Reihe von Speed Reading-Apps und -Trainern wie Spreeder, ReadMe! oder Outread (iOS) nutzen.[31] Dabei setzen einige eher auf den

---

31 Moreau 2020.

Trainingseffekt und dokumentieren Ihren Fortschritt. Andere arbeiten mit farblichen Hervorhebungen, um den Stift oder den Finger zu ersetzen, oder blenden die Wörter in rascher Folge einzeln nacheinander ein, um Regression unmöglich zu machen. Es gibt auch Programme, die für das Lesen digitaler Texte konzipiert sind: für E-Mails, Website-Inhalte etc. Die Apps unterscheiden sich zudem in ihrer Kompatibilität zum Betriebssystem und in der Unterstützung von Dokumententypen. Es gibt auch Angebote, die bestimmte Übungsszenarien zum Thema haben, z. B. Speed Reading bei Dunkelheit.

Die soziale Akzeptanz und der Spaß an den digitalen Unterstützungen, an der Effizienz oder an der »Sportlichkeit« des Speed Reading können Sie leicht vom eigentlichen Zweck des Lesens ablenken. Nicht für alle Texte und nicht für alle Fragestellungen ist Speed Reading das passende Mittel. Es eignet sich nicht zuerst zur Auswahl von Lesestoff, es ist nicht die erste Wahl (da viel zu energieintensiv) für rasche, orientierende Überblicke, das Erfassen von Text- und Argumentationsstruktur oder das Beleg- und Informationsorientierte entnehmende Lesen. Es braucht zudem viel Übung, um im Speed Reading den Zugang zur Ästhetik von Texten nicht zu verlieren und das je eigene Tempo und den Rhythmus des Textes angemessen wahrzunehmen – und in der Geschwindigkeit, die zu den Eigenschaften eines Textes gehört, liegt schließlich auch Bedeutung. Aber gut geübt eignet es sich für lange Texte mit klarer Struktur, insbesondere Fach- und Sachtexte sowie zur inhaltlichen Erfassung von Literatur und Belletristik.

Methode: Photo Reading

Eine weitere Schnelllesemethode ist das Photo Reading. Der Text wird dabei – anders als beim Speed Reading – nicht sequenziell gelesen, sondern die Seiten oder der Bildschirmstatus werden »mental fotografiert« und im Gedächtnis gespeichert. Bis zu 25 000 Wörter pro Minute sollen so aufgenommen und gespeichert werden können;

der Inhalt des Textes wird während der Lesearbeit unbewusst wahrgenommen und kann im Anschluss abgerufen und aktiviert werden.[32]

Photo Reading ist jedoch keine Methode, die Sie aus dem Stegreif spontan einsetzen können, wenn die Zeit knapp ist – es sei denn, Sie haben dafür ein besonderes Talent. Es setzt voraus, dass Sie einen guten Zugang zu Ihrer Intuition haben, nicht unter Leistungsdruck stehen und offen für neue, vermutlich von Dozierenden und KommilitonInnen skeptisch beäugte Vorgehensweisen sind.

Folgende Schritte gehören dazu:

1) *Voraussetzungen schaffen:*
   genügend Zeit, Spielbereitschaft, Ungestörtheit, Stift und Papier und gute Lichtverhältnisse. Der Lesestoff wird auf dem Tisch in optimaler Position für die Augen platziert.
2) *Einstimmung:*
   Vergegenwärtigen Sie, welches Thema der Text hat. Definieren Sie den Nutzen des Inhalts bzw. des Lesens dieses Textes. Machen Sie sich die Bedeutung klar, die dieser Text für Sie hat. Entspannen Sie sich, schließen Sie die Augen und lassen Sie Ihre Gedanken frei fließen oder begeben Sie sich in eine meditative Haltung. Wenn Sie denken, nun können Sie mit dem Photo Reading starten, zählen Sie rückwärts von zehn bis eins. Atmen Sie ruhig und gleichmäßig. Wenn Sie bei eins angekommen sind, denken Sie an etwas Schönes. Wenn Sie Meditationserfahrung haben, können Sie auch über bewährte Meditationstechniken einen Zustand entspannter Wachheit herbeiführen. Wiederholen Sie innerlich den Zweck des nun folgenden »Lesens« und öffnen Sie die Augen.
3) *Überblick verschaffen:*
   Diesen Schritt kennen Sie schon aus anderen Techniken. Nutzen Sie die Serviceangebote, die Texte haben, um Struktur und Inhalt zu

---

32 Scheele 2007.

erfassen: Inhaltsverzeichnis, Abstracts etc. Blättern Sie das Buch zügig von vorne nach hinten durch. Notieren Sie Wörter, die Ihnen aufgefallen sind, z.B., weil sie hervorgehoben gedruckt sind oder häufig auftauchen. Versuchen Sie nach diesem Schritt, den Inhalt des Buches in zwei bis drei Sätzen wiederzugeben. Nach Scheele müssen Sie nur ca. jede 20. Seite aufschlagen, um Impulswörter bzw. Schlüsselbegriffe für den Text zu finden. Ein gutes Ergebnis ist eine Liste von zehn bis zwölf Wörtern.

4) *Photo Reading:*
Setzen Sie sich nun entspannt vor den Text. Schließen Sie die Augen, entspannen Sie und atmen Sie tief. Aktivieren Sie Ihre Sinne, etwa mit der Vorstellung, einen Apfel in der Hand zu halten, den Duft zu spüren und den Geschmack zu erwarten. Öffnen Sie dann Ihre Augen und blättern Sie zum Textbeginn.

5) *Sehbereich erweitern:*
Nun müssen Ihre Augen arbeiten und Sie Ihr Sehen so einstellen, dass sich Ihr Sehbereich erweitert. Beim »Stereogramm« fokussieren Sie einen Punkt, der hinter dem Monitor oder Druck liegt; Sie schauen also durch den Text hindurch. Die Buchstaben werden unscharf; falls Sie ein Buch lesen, erscheint eine dritte Seite in der Buchmitte. Beim »Kreuz« stellen Sie sich vor, dass über das Druckbild ein Kreuz aus zwei Diagonalen läuft, die die Bildecken verbinden. Sie üben, alle vier Ecken und die Buchmitte im Blick zu behalten. Auch jetzt werden die Buchstaben unscharf. Mit diesem eingestellten Blick schauen Sie nun in gleichmäßiger Geschwindigkeit (etwa zwei bis drei Sekunden) Seite für Seite an. Es braucht Training, bis Sie diesen Blick für den vollständigen Text halten können. Achten Sie darauf, dass Sie sich nicht mit dem Lesestoff beschäftigen – er soll ja vom Unbewussten aufgenommen werden.

6) Achten Sie darauf, bis zum Ende des Textes wach und entspannt zu bleiben. Sind Sie dort angekommen, entspannen Sie erneut bewusst und gratulieren sich zum erfolgreichen Lesen. Versichern Sie sich selbst, dass Sie gespannt darauf sind, den Inhalt in Ihr Bewusstsein aufzunehmen. Dann beschäftigen Sie sich anschließend – die Empfehlungen reichen von mindestens 20 Minuten bis

Buch

Mehr als Bücher Die hohe Affinität zum Buch lässt es für viele Geisteswissenschaftler nur natürlich erscheinen, Bücher in den Mittelpunkt ihres Erwerbslebens zu stellen. Selbstverständlich gilt dies nicht für Historiker allein, sondern für alle Geisteswissenschaftler und auch für Absolventen von Ausbildungsberufen. Unschwer können Sie aus Zeitungen und Internetangeboten sowie Ihrer Alltagserfahrung entnehmen, dass sich neben dem klassischen gedruckten Buch auch digitale Medien wie CD-Roms, Hörbücher, digitale Bücher etc. etablieren. Wenn Sie Ihre grundsätzliche Haltung, ob es den erneuten Untergang des Abendlandes ankündigt oder eine frohe Zukunft verheißt sowie die Frage, ob Sie deren Nutzer sind oder nicht, hintan stellen, werden Sie erkennen, dass diese Entwicklung auch das Berufsfeld verändert. Klassische Buchberufe vom Lektorat bis zum Buchhandel müssen sich mit neuen oder veränderten Arbeitsabläufen auseinandersetzen, viele Tätigkeiten, wie z. B. Redaktion, Erstellung von Druckvorlagen oder Übersetzungen werden an Freiberufler delegiert oder privatisiert, neue Arbeitsfelder entstehen z. B. im Bereich Crossmedia. Entsprechend müssen Sie überlegen, wo und was Sie gern um das Buch herum arbeiten möchten. Traditionelle Arbeitgeber sind Bibliotheken, der Buch(groß)handel und Verlage, eventuell auch große Vereine wie der Börsenverein des deutschen Buchhandels, die sämtlich sehr verschiedene Tätigkeiten bieten und Bildungswege verlangen. Daneben können Sie als Freiberufler arbeiten, etwa als Übersetzer, Lektor, (Foto)Redakteur oder natürlich als Autor bzw. Publizist. Auch die Selbstständigkeit, etwa mit einem eigenen Verlag, Buchhandel, Antiquariat oder als Dienstleister „rund ums Buch" mit spezialisierten Angeboten ist eine Option.

Da die Arbeit mit Büchern sehr unterschiedliche Tätigkeiten, Anforderungen und Karrierewege bereithält, wird dieses Kapitel für die drei großen Bereiche Bibliothek, Buchhandel und Verlag je eigene Unterkapitel bereithalten. Einige allgemeine Informationen seien jedoch vorangestellt.

Was können Sie bereits während des Studiums tun?

Natürlich Praktika Gleichgültig, für welche Branche und welchen Beruf Sie sich interessieren; Sie sollten während des Studiums Praktika absolvieren. Einerseits können Sie auf diese Weise Erfahrungen sammeln, die Ihre Entscheidung zur Spezialisierung und Vertiefung erleichtern, andererseits sind Praktika oft Voraussetzung für Fachstudiengänge, Volontariate oder Einstellungen. Als Alternative zu Praktika kommen auch Aushilfstätigkeiten in Frage, etwa das Jobben im Den Markt beobachten Buchhandel, die Tätigkeit als studentische Hilfskraft in der Universitätsbibliothek oder auch studentische Tätigkeiten, die von Verlagen auf ihren Websites ausgeschrieben werden. Da für alle Berufe rund um das Buch Textkompetenz Voraussetzung ist, sollten Sie diese parallel zum Fachstudium ausbauen und professionalisieren. Zudem können Sie dank der neuen Medien unschwer Informationen über das Buchhandels- und Verlagswesen sammeln, wirtschaftliche, inhaltliche und organisatorische Entwicklungen im Blick behalten. Vor allem aber sollten Sie viel lesen und neben Ihren Fachkompetenzen eine breite Allgemeinbildung aufbauen.

Abb. 1: Diagonale Blickführung

höchstens 24 Stunden[33] – mit etwas anderem, damit das Gelesene verarbeitet werden kann.

7) *Aktivierung des »fotografierten« Inhalts:*
Das Photo Reading geht davon aus, dass das Un(ter)bewusste die Inhalte der Seiten, die Sie »fotografiert« haben, aufgenommen und selbstständig verarbeitet hat. Ihre Aufgabe ist es daher, die Informationen ins Bewusstsein zu holen, um sie nutzen zu können.

Zu diesem Zweck entspannen Sie sich wieder. Stellen Sie sich Fragen über den Lesestoff. Überfliegen Sie den Text erneut, bewegen Sie dazu Ihre Augen entlang der Seitenmitte von oben nach unten. Wenn eine Stelle Sie besonders anzieht, lesen Sie sie genauer. Lesen Sie jedoch nicht den gesamten Text genauer. Wenn Sie mit diesem Durchgang fertig sind, schreiben Sie alles auf bzw. visualisieren Sie, was Ihnen zu Thema, Titel oder Fragestellung einfällt. Begrenzen Sie diesen Arbeitsschritt auf maximal zehn Minuten.

Variationen

Photo Reading auf dem Kopf:
Sie können im zweiten Durchgang den Text auf dem Kopf erneut mit dem »unscharfen Blick« durchgehen. Auf diese Weise vermeiden Sie, sich festzulesen oder im Inhalt hängenzubleiben und das Photo Reading abzubrechen. Alternativ können Sie den Text auch von hinten nach vorn bearbeiten.

Rapid Reading nach dem Photo Reading:
Lesen Sie den Text zügig sequenziell von Anfang bis Ende. Halten Sie nicht an. Lesen Sie schneller als sonst, variieren Sie die Geschwindigkeit bei »einfachen« oder bekannten Absätzen. Nutzen Sie diesen Arbeitsschritt, um die Erinnerung an Textdetails zu fördern und so das Textverständnis zu verbessern. Sie können Entspannungsmusik nutzen – das gilt natürlich für jedes andere Lesen auch.[34]

---

33 Kuhn 2016, S. 106.

34 Vgl. https://www.lernen-heute.de/lesen_photoreading_kurzanleitung.html und Kuhn 2016, S. 103–107.

Photo Reading eignet sich für experimentierfreudige Menschen, die gern intuitiv arbeiten und regelmäßig üben, um den anstrengenden »unscharfen Blick« zu trainieren. Es setzt voraus, dass Sie Vertrauen in eine Methode haben, die assoziative Elemente nutzt – was wiederum riskant ist, wenn der fachliche Fundus, aus dem heraus Sie assoziieren, noch sehr begrenzt ist. Photo Reading ist eine Schnelllesemethode, die nicht der Problemlösung der typischen eingangs geschilderten Situation dient: viele Texte in zu kurzer Zeit unter Stress bearbeiten zu müssen. Es setzt darauf, stressfrei zu sein.

Technik: Tänzelndes Lesen

Für LeserInnen, die einen analytischen Textzugang bevorzugen, eignet sich die Technik »tänzelndes Lesen« bzw. »Skittering«. Beginnen Sie Ihr Lesen mit dem ersten Satz eines jeden Abschnittes. Wissenschaftliche Texte sind häufig so angelegt, dass sie in den Einleitungssätzen, auch zu Teilkapiteln oder Abschnitten, Schlüsselbegriffe und Leitgedanken enthalten. So können Sie ebenjene Schlüsselbegriffe und Leitgedanken entnehmen und den Absatz bzw. das Kapitel gezielt danach absuchen. Die Richtung, die Ihr Blick nimmt, ist dabei unwesentlich. Prüfen Sie nach dem Durchgang durch den Textabschnitt, ob die Begriffe und Inhalte, die Sie gefunden haben, zu den Vorgaben des ersten Satzes passten. Ergibt sich eine stimmige Aussage? Notieren Sie, falls dies nicht der Fall ist; klären Sie dann, ob es an Ihrem Lesen lag oder ob dem Autor tatsächlich ein Fehler unterlaufen ist. Dazu können Sie entweder diese Technik verlassen und den fraglichen Textabschnitt sequenziell und gründlich lesen, oder Sie verlassen sich erneut auf die Textsortenregeln und lesen zunächst nur den letzten Satz des Abschnitts.[35]

Stellen Sie in diesem Arbeitsschritt Fragen zum Inhalt, die Sie aus dem Gedächtnis beantworten, und schlagen Sie sie ggf. im Text nach. Vertrauen Sie Ihrer Intuition und Ihrem Gedächtnis.

---

35 Kuhn 2016, S. 109.

Zwischenfazit

Aus pragmatischer Sicht spricht viel dafür, Schnelllesen zu üben, zu pflegen und zu beherrschen: Die Menge an Texten, die in Studium/ Beruf und Freizeit gelesen werden müssen, steigt seit Jahren an und damit auch die Notwendigkeit, diese Texte zu lesen, um am wissenschaftlichen Diskurs partizipieren zu können. Daraus folgt: Um dieser Textmenge Herr zu werden und mehr Texte in derselben Zeit zu lesen, ist schnelleres Lesen erforderlich. Damit dies sinnentnehmend, verstehend und bewertend gelingt, sind Schnelllesetechniken sinnvolle Instrumente.

Schnelllesen eignet sich darüber hinaus gut, um sich zügig einen Überblick zu verschaffen. Das kann der Fall sein, wenn Sie sich in ein neues Thema einarbeiten und zunächst ein Handbuch konsultieren, oder auch, wenn Sie z. B. zu einer Autorin und ihrem Werk, einer bestimmten Epoche oder kulturellen Strömung arbeiten und sich einen Überblick über den Forschungsstand verschaffen wollen. Insbesondere die Schnelllesetechniken, die der Textauswahl dienen und noch nicht mit dem Gelesenen arbeiten, sind für die eröffnenden Arbeitsschritte von Referaten, Hausarbeiten und Abschlussarbeiten unverzichtbar.

Schnelllesen setzen nicht auf vertieftes Textverständnis, sondern auf elementare Textkenntnis. Für Bewertungen, Reflexionen, Analysen und als Grundlage eigener wissenschaftlicher Arbeiten sind weitere, langsame Lesetechniken und -methoden erforderlich.[36] Weiterhin setzt Schnelllesen voraus, dass Sie fachlich und sprachlich so fit sind, dass sinnvolle und korrekte Assoziationen beim Lesen entstehen können. Wenn in einem Text so viele Fremdwörter vorkommen, dass es Ihnen schwerfällt, den Text überhaupt zu verstehen, wenn die sprachliche Struktur, der Stil derart verschachtelt und komplex sind, dass Sie den roten Faden zunächst versinnbildlichen müssen, wenn Sie es mit einer Detailstudie zu einem Thema

---

36 Vgl. Kuhn 2016, S. 110.

zu tun haben, das Ihnen in seinen Grundzügen vollkommen neu ist, oder wenn Sie den Text bewerten und damit auch auf verschiedenen Ebenen würdigen wollen, ist die Kombination aus Technik/Methode, Lesezweck und Lesestoff nicht sinnvoll.

Es gibt daher eine Reihe von Tücken, die mit Schnelllesen einhergehen. Die erste ist, dass Schnelllesen nicht im richtigen Arbeitszusammenhang eingesetzt wird. Nicht nur Studierende erhoffen sich vom Schnelllesen die Kompensation von mangelnder Organisation und überfrachtetem Workload. Das funktioniert jedoch nur dann, wenn das schnelle Lesen methodisch erfolgt und das wiederum setzt hohe Konzentration ebenso voraus wie die Bereitschaft, sich auf den Arbeitsschritt einzulassen. Mit der Zeit und Erfahrung wird es Ihnen eines Tages vielleicht sogar möglich sein, im Notfall einen Text in der U-Bahn schnell zu lesen und hinreichend vorbereitet zur Prüfung aufzuschlagen. Dieser Erfolg aus dem Notfall baut jedoch auf Arbeit und Routine im Normalfall auf.

> **Übung: Vergleich der Lesegeschwindigkeiten**
> Lesen Sie einen Text nach einer der Schnelllesemethoden. Notieren Sie nach einer Pause aus dem Gedächtnis das Thema des Textes und wesentliche Inhalte und/oder Positionen des Autors.
> Lesen Sie einen in Länge und Schwierigkeitsgrad ähnlichen Text in Ihrem normalen Lesetempo und bearbeiten sie ihn auf die Weise, die Sie üblicherweise pflegen. Notieren Sie auch für diesen Text nach einer Pause aus dem Gedächtnis das Thema des Textes und wesentliche Inhalte und/oder Positionen des Autors.
> Vergleichen Sie Ihre Notizen.[37]

---

37 Vgl. Werder 1994, S. 113.

Langsames Lesen

Wenn man Literatur und Statements zum Lesen, insbesondere zur Lesefähigkeit von jungen Menschen aufnimmt, kann schnell der Eindruck entstehen, nur langsames Lesen sei gutes Lesen. Langsames Lesen sei die Bedingung, all die guten Effekte auszulösen, die wir mit dem Lesen verbinden und für die wir im professionellen Zusammenhang überhaupt lesen. Erst mit dem langsamen Lesen könne sich die bewusstseinsverändernde Kraft des Lesens entfalten. Erst mit kognitiver Geduld sei wirkliches Verstehen möglich.[38] Darum sollten auch digitale Texte so aufbereitet werden, dass langsames, tiefes Lesen am Bildschirm möglich werde.[39] Genügt es also, das Tempo beim Lesen rauszunehmen, um mehr zu verstehen? Meint Langsamkeit hier nur, beim linearen Lesen Satz für Satz bewusst innezuhalten und die Geschwindigkeit, mit der die Augen über die Zeichen wandern, zu reduzieren? Wie langsam ist langsam genug, was ist die optimale Langsamkeit?

Die Plädoyers für das langsame Lesen sind nicht notwendig so zu verstehen, als sei bereits die Langsamkeit Methode. Außerdem löst Langsamkeit in unserer gegenwärtigen Studienkultur nur punktuell Probleme und diese Punkte wollen gut ausgewählt werden. Das langsame Lesen als Ideal kann insofern auch als Kulturkritik verstanden werden: gegen die Ökonomisierung des Lesens, das oberflächliche, unkritische Überfliegen, das Zuviel an unnötigen Texten und natürlich auch gegen eine Haltung, die auf den negativen Einfluss von Bildschirmmedien zurückgeführt wird: »tl,dr – too long, didn't read.« Mit der Fähigkeit und Bereitschaft, langsam zu lesen, so Wolf, sinke die Fähigkeit, komplexe Zusammenhänge zu verstehen und damit die Fähigkeit zum Treffen fundierter Entscheidungen auf der Grund-

---

38 Vgl. Wolf 2018.

39 Vgl. Evolution of Reading in the Age of Digitalization: Stavanger-Erklärung 2018.

lage der Lektüre. Es sinke weiterhin der Lesegenuss – und damit verlieren die Menschen ein Bewusstsein der ästhetischen Qualität von Texten.[40]

Das Lesen kann in der Steuerung der Lesegeschwindigkeit verlangsamt werden, aber auch in Unterbrechungen der Linearität. Sie werden langsamer, wenn Sie den Fließtext in einem normalen oder zügigen Tempo lesen, doch dessen Linearität verlassen: wenn Sie zurückgehen und etwas wiederholt lesen, wenn Sie in die Anmerkungen gehen oder etwas nachschlagen.

Übung: Zeitschema
Blicken Sie zurück auf die vergangene Woche. Erstellen Sie ein Zeitschema. Notieren Sie, wann Sie gelesen haben, und versuchen Sie, sich zu erinnern, wann Sie schnell und wann Sie langsam gelesen haben. Handelte es sich um ähnliche Textsorten und Lesesituationen – lesen Sie z. B. nur in der Freizeit langsam? Können Sie sich erinnern, ob Sie am Bildschirm schneller lesen als am Ausdruck oder Buch? Nachdem Sie notiert haben, welches Lesetempo Sie mit welchen Texten wann praktizieren, versuchen Sie, die Qualität und das Ergebnis Ihres Lesens zu beschreiben. Hat es seinen Zweck erreicht? Wie haben Sie sich mit dem Ergebnis Ihres schnellen und Ihres langsamen Lesens gefühlt – welches gibt Ihnen mehr Sicherheit?

Technik: Sequenzielles und kursorisches Lesen

Als **sequenzielles Lesen** wird das Lesen bezeichnet, das Sie vermutlich intuitiv ausführen, ohne eine »Technik« einzusetzen: Sie haben den Text vor sich, fangen vorne an, lesen Sequenz für Sequenz (Wort für Wort, Absatz für Absatz, Kapitel für Kapitel etc.) und hören auf,

---

40 Vgl. Wolf 2018.

wenn Sie am Ende angekommen sind. Dabei variieren Sie Ihr Lesetempo, markieren einzelne Textstellen, schreiben etwas heraus oder schlagen ein Fremdwort nach. Sie achten darauf, Thema und Inhalt des Textes wahrzunehmen und nach Möglichkeit Leseaufgaben *en passant* zu erledigen. Wenn Sie sich lesend tiefer mit dem Thema oder einer Leseaufgabe befassen und dem Text aktiv begegnen, geht das sequenzielle Lesen ins **kursorische Lesen** über. Auch dabei wird der Text linear bearbeitet, Sie befassen sich jedoch nur mit den Inhalten bzw. lesen nur die Stellen intensiver, die für Ihre Aufgabe oder Fragestellung von Bedeutung sind. Das kursorische Lesen zielt auf einen Gesamteindruck des Textes, dafür haben Sie ihn vollständig gelesen. Zentrale Aussagen werden markiert, damit Sie sie später leichter wiederfinden.

Das Ziel des kursorischen Lesens ist gute und vollständige Textkenntnis. Sie können es nutzen, wenn Sie anschließend Zusammenfassungen schreiben wollen, den Textaufbau beschreiben oder eine Inhaltsangabe anfertigen. Bei literarischen Texten können auch Aussagen zu Stil, Sprache und Erzählperspektiven getroffen werden. Das kursorische Lesen erfordert Konzentration und Einlassung auf Text, Form und Inhalt, vor allem auch Zeit. In komplexeren Lesemethoden wie SQ3R stellt es einen von mehreren Leseschritten dar. Mit der Zeit und Erfahrung werden Sie schneller lesen können – dies ist aber nicht unbedingt mit Schnelllesetechniken zu verwechseln.

Methode: SQ3R

Dieser Methode werden Sie in vielen Einführungen zum wissenschaftlichen Arbeiten begegnen; in meiner Erinnerung ist es *die* Methode wissenschaftlichen Lesens schlechthin. Sie vereint unterschiedliche Lesetechniken und -geschwindigkeiten und beschreibt einen mehrschrittigen Leseprozess. Dieser ist nicht grundsätzlich »langsam«, jedoch zeitintensiv; und er enthält mit dem ersten der drei »R«s auch einen Arbeitsschritt, der langsames, gründliches und vollständiges Lesen vorsieht.

Francis P. Robinson stellte SQ3R erstmals 1946 vor;[41] seither wurde die Methode leicht und mehrfach modifiziert. Sie finden Sie in eigentlich allen Handbüchern zum akademischen Lesen. Ihr Erfolgskontext ist allerdings militärischer Natur; SQ3R wurde im Zweiten Weltkrieg entwickelt, um Soldaten eine effiziente und strukturierte Methode an die Hand zu geben, sich rasch und asynchron relevante Kenntnisse anzueignen. Doch Robinson entwickelte und erforschte die Methode auch in anderen Lernzusammenhängen, etwa im College. Dabei ist aus heutiger Perspektive zu bedenken, dass die Studierenden und Soldaten ganz überwiegend mit Büchern lernten und nur wenige andere Medien nutzten; zudem, dass die Bücher, die Robinson als Grundlage nutzte, in der Regel mit Zwischenüberschriften so strukturiert waren, dass sie bereits in ihrem Aufbau Lese- und Memorierhilfen zur Verfügung stellten. Zum Kontext gehört weiterhin, dass SQ3R entwickelt wurde, bevor die Studierendenzahlen erheblich anstiegen – es ist also eine Methode für das individuelle Lernen und setzt nicht auf soziale Arbeitsformen. Auch war das Arbeiten nicht aufgrund von Digitalisierung massiv beschleunigt und die Studienpläne nicht so ausgelastet wie sie es häufig heute sind. Insofern wirkt diese Methode mitunter unzeitgemäß verlangsamend und passt häufig nicht so recht in den Studienalltag und die gängigen (sozialen) Studienpraktiken. Falls Sie sich also damit schwertun, mag es tatsächlich daran liegen, dass Sie eine Methode des 20. Jahrhunderts in die Bedingungen des 21. Jahrhunderts adaptieren müssen. Wenn Sie einen »normalen« Stundenplan mit acht bis zehn Veranstaltungen und einen Nebenjob haben, können Sie vermutlich nur einen Text pro Woche mit SQ3R bearbeiten, weil diese Methode sehr zeitintensiv ist. Für mich hat es sich bewährt, nur die Texte mit SQ3R zu lesen, für die ich eine häufigere Nutzung absehen kann oder deren Verständnis sehr wichtig ist für mein eigenes Verstehen und damit meine eigene wissenschaftliche Arbeit. Es erlaubt in meiner Erfahrung tatsächlich

---

41 Robinson 1946.

eine intensive Durchdringung von Struktur und Inhalten. Insofern lohnt ein Abwägen, für welche Texte dies sinnvoll ist, und schließlich die Einplanung von konzentrierter Zeit, um wichtige Texte tatsächlich auf diese Art lesen zu können. Das bedeutet umgekehrt auch, dass für viele Texte eher eine andere Technik infrage kommt.

In der SQ3R-Methode wird den Lesenden eine **aktive Rolle** zugewiesen: Lesende erschließen Texte anhand eigener Fragen. Die Methode berücksichtigt unterschiedliche Elemente des wissenschaftlichen Arbeitens: die aktive Leserrolle, die Definition eines Lesezwecks, die Ziele, zu verstehen, zu behalten und das Gelesene für eigene Erkenntniszwecke zu nutzen. Die Schritte nun im Einzelnen:

S – Survey:

Sie verschaffen sich einen Überblick über den Text und die Textstruktur. Dabei kommt Schnelllesen zum Einsatz, wie überfliegendes und diagonales Lesen. Auch das punktuelle Lesen kann hier verwendet werden. Falls es sich um einen digital zugänglichen Text handelt, können Sie auch Metatext in den Überblick einbinden: Schlagworte, Fachzuordnung, Reihen- oder Verlagsnennung. Das Ziel dieses Arbeitsschrittes ist die Einstimmung auf den eigentlichen Leseprozess. Beim Überblick über den Text werden Sie merken, wie lang er ist, wie anspruchsvoll Sprache, Thema und Darstellung sind und ob Sie vielleicht weitere Hilfsmittel benötigen. In der Folge können Sie besser einschätzen, wieviel Zeit Sie benötigen und ob es besser ist, in der Bibliothek (mit schnellem Zugriff auf weitere Texte) oder zu Hause ungestört zu lesen. Sie können auf der Grundlage Ihres Überblicks auch erste Leseziele und Fragen bilden bzw. bereits vorhandene anpassen, untergliedern oder ergänzen.

Q – Question:

Sie formulieren Ihre **Frage** an den Text, oder, etwas weiter gefasst, Ihr Lesemotiv und -ziel. Notieren Sie diese Fragen schriftlich. Es ist anzunehmen, dass die Lektüre dieses Textes Transferpotenzial hat: Die AutorInnen werden auch in anderen Zusammenhängen zitierfähig sein, theoretische Texte eröffnen Ihnen Perspektiven für zukünftige Arbeiten und individuelle Schwerpunkte etc. Insofern können Sie auch mehr als einen Zweck an die Lektüre des Textes legen, etwa: 1) Aufgabe erledigen, 2) Prüfung vorbereiten, 3) einen Text von meiner Leseliste abarbeiten, 4) ...

Erfahrungsgemäß haben viele StudienanfängerInnen Schwierigkeiten, Fragen an den Text zu stellen. In diesem Fall kann es hilfreich sein, Fragen im Seminargeschehen oder in der Lerngruppe zu entwickeln und zu einem eigenen Thema zu machen. Sie können auch eine Anregung von Lutz von Werder aufgreifen: Er schlägt vor, Kapitel- und Zwischenüberschriften in Fragen umzuwandeln,[42] also z. B. »SQ3R – Frage: Was bedeutet SQ3R?« Sie können auch zunächst texterschließende Fragen stellen, z. B.: »Was ist das Thema des Textes?« Wenn das Textverständnis Ihr zentraler Punkt ist, dann entwickeln Sie grundlegende Fragen zum Textverständnis, wie:

- Worum geht es in dem Text?
- Wie ist er aufgebaut?
- Mit welcher Textsorte habe ich es zu tun? Erkenne ich im vorliegenden Text Eigenschaften und Kennzeichen dieser Textsorte?
- Was ist das Ergebnis des Textes?
- Auf welchem Wege, mit welchen Mitteln wird dieses Ergebnis erreicht?
- Wie und mit welchen Belegen wird argumentiert?
- Welche Thesen werden bestätigt, welchen Thesen wird widersprochen?

Sie können auch aus Ihrer Position als LeserIn fragen:

- Was fällt mir besonders auf?
- Was fällt mir zu Text und Thema ein?

---

42 Werder 1994, S. 52.

- Welche neuen Informationen hält der Text für mich bereit? Wie unterscheidet sich mein Wissensstand vor und nach der Lektüre?
- Welche Wörter werden verwendet, die mir neu sind und die ich in mein Studienwörterbuch übernehmen kann?

Nach und nach werden Sie feststellen, dass Ihre Fragen präziser werden. Sie werden auf unterschiedlichen Ebenen Fragen stellen können – auf der Ebene des Textes, des Autors/der Autorin, der Erzählerin/des Erzählers, des Seminars, des Themas, des historischen oder literarischen Kontextes, der Sprache etc. Sie können Fragen zum Kontext von Text und AutorIn stellen. Sie können sich mit eigenen Forschungsfragen ausprobieren, simpel startend mit: Warum? Wie? Oder fragen Sie nach der Rezeption des Textes in einem Fach, in anderen Fächern, in gesellschaftlichen Zusammenhängen, in anderen Medien etc.

3R – Read, Recite, Review

Das erste R – **Read: Lesen** meint den Einsatz von sequenziellem und kursorischem Lesen in einem für Sie angemessenen Lesetempo. Das Lesen kann unterschiedlichen Zielen dienen. Sie können pragmatisch auf Ihre Fragen und Aufgaben hin lesen. Der Text wird Abschnitt für Abschnitt gelesen, mit dem Ziel, seinen Inhalt zu verstehen und zu speichern. Wenn Sie eine erkenntnisleitende Frage haben, versuchen Sie, während der Lesepausen am Ende eines (Teil-)Kapitels Ihre Fragen zu beantworten.

Möglicherweise ist Ihre Frage nachrangig, denn der Text überfordert Sie mit vielen neuen Informationen, unbekannten Wörtern und verschlungener Struktur. Dann ist es sinnvoll, sich diesem Neuen in mehreren Arbeitsschritten zu widmen, z. B.

1) Fremd- und Fachwörter listen oder markieren, Bedeutung klären und notieren,
2) neue Informationen extrahieren,
3) Argumentation, Gedankengang nachvollziehen,

4) Validität von Aussagen vergleichen: Fakten, Hypothesen, Argumente, Meinungen, Mutmaßungen, abgesicherte Schlussfolgerungen unterscheiden.

Diese Schritte können mit Randnotizen begleitet werden, die z. B. mit Stichworten zum Inhalt eines Absatzes, mit Lösungsschritten, mit Argumenten oder Verweisen zu anderen Texten und Quellen. Auch die Hervorhebung von Schlüsselbegriffen und ein Farbcode zum Visualisieren von Zusammenhängen im Text werden empfohlen, erweitert von einem individuellen Markierungssystem aus Zeichen, Abkürzungen, grafischen Elementen, Farben etc.[43]

Das zweite R – **Recite: Wiedergeben** meint das Zusammenfassen des Textes oder einzelner Passagen oder Thesen in eigenen Worten, schriftlich und eventuell sogar – wenn Sie prüfungsorientiert arbeiten – aus dem Gedächtnis. Dies setzt voraus, dass Sie einen zeitlichen Abstand zum Lesen haben und ausreichend planen konnten. In der Erinnerungsübung werden Sie bemerken, wo Sie den Text oder seine Struktur nicht verstanden haben. Die Verschriftlichung dient erstens der Sicherung der Leseergebnisse und kann in verschiedene Formen der Dokumentation übergehen, etwa das Exzerpt. Zweitens hilft sie beim Erinnern des Gelesenen. Drittens kann hier der Übergang vom Lesen ins eigene Schreiben fließend erfolgen. Dabei ist es sinnvoll, von Beginn an die Nachweise und Fundstellen sicher und unzweifelhaft zuzuordnen. Sie verhindern damit umständliches, zeitraubendes und nerviges Suchen der Belege inklusive Wiederausleihen, neu kopieren etc. kurz vor Abgabe schriftlicher Arbeiten. Sie vermeiden bei der konsequenten Verwendung eigener Worte zudem ein Abrutschen ins Plagiat. Falls Ihre Memotechnik besser mit Visualisierungen oder Schemata funktioniert, steht es Ihnen natürlich frei, anstelle der Verschriftlichung Ihrer Leseergebnisse Mindmaps oder andere Formen von Zusammenfassungen zu nutzen. Falls

---

43 Vgl. Karcher 1994, S. 308 und Werder 1994, S. 52.

Sie auf eine Prüfung hinarbeiten oder aus einem anderen Grund eine sichere Texterinnerung anstreben, können diese Wiedergaben mehrfach erfolgen, um Ihre Erinnerung zu korrigieren, Lücken zu schließen und Gelerntes zu festigen.

Das dritte R – **Review: Rückblick** nimmt Abstand zum Text und zum eigentlichen Leseprozess ein. Wenn Lesen und Ergebnissicherung abgeschlossen sind, können die Reflexion über das Lesen im gesamten Lernprozess, über die Rolle des Textes oder über seine Ergebnisse in Bezug auf das übergeordnete Thema (z. B. der Lernveranstaltung oder der Hausarbeit) sowie Überlegungen zum Transferpotenzial von Text und Inhalt einsetzen. So kann das Lesen allein dem Textverständnis dienen. Falls Sie das Lesen jedoch bereits zur Beantwortung Ihrer Fragen nutzen, können Sie Ihre Ergebnisse nun in einen Gesamtzusammenhang von Fragen und Antworten betrachten. Der Rückblick dient auch der Wiederholung, um das Gelesene in Erinnerung zu rufen und nachhaltig im Gedächtnis zu verankern.[44]

Variationen

PQ3(4)R:

Anstelle des Überblicks wird die **Vorschau (Preview)** gesetzt. Der Text wird nicht überflogen oder diagonal gelesen, sondern die Textstruktur aus formalen Bestandteilen abgeleitet: Zusammenfassung, Abstract, Inhaltsverzeichnis, Gliederung. Das vierte R steht für **Reflect – Nachdenken.** Dieses Nachdenken kann die enge Arbeit am Text fokussieren, also z. B. Argumente, Belege und Strategien der Autorin in Frage stellen und prüfen, eigene Lektüre- oder Forschungserfahrungen mit dem Text verbinden, zusätzliche (Gegen-) Argumente einarbeiten. Auch das Nachdenken über den eigenen Leseprozess und über die Leitfragen, mit Sie die Lektüre gestartet haben, können in diese Arbeitsphase fallen – vielleicht ist es sinnvoll,

---

44 Vgl. Werder 1994, S. 55 und Karcher 1994, S. 308.

Ihre Fragen zu verändern und dem Text anzupassen. Eine weitere Variante ist das Suchen nach persönlichen Beispielen, auf die die Leseergebnisse oder einzelne Thesen oder Beobachtungen übertragen werden können. Durch die Verknüpfung mit persönlichen Erinnerungen und Erfahrungen verbessert sich die Gedächtnisleistung.[45]

PQRST:

P, Q und R (Preview, Question und Read) sind Ihnen bereits bekannt. Das zweite R wird mit **Self Recitation** ersetzt und meint Rekapitulieren und Fragen beantworten. Das dritte R wird mit **Test** ersetzt und meint die Überprüfung des Leseprozesses bzw. des Lernfortschritts und der Gedächtnisleistung.[46] Auf der Website www. lernen-heute.de[47] wird empfohlen, aus jeder der Phasen ein Ritual zu machen, um Texte routinemäßig auf diese Weise zu bearbeiten.

Fazit

Gleichgültig, ob SQ3R, PQ4R oder PQRST – jede dieser Methoden eignet sich für sorgfältiges, tiefes und verständnisorientiertes Lesen. Vermutlich ist Ihnen in der Beschreibung aufgefallen, dass Sie den Text nicht nur einmal lesen, sondern ihn mehrfach bearbeiten müssen: überfliegend lesen, sorgfältig lesen, punktuell lesen, das Gelesene erinnern und aus dem Gedächtnis abrufen, es in eigene Worte fassen etc. Insofern überrascht es nicht, dass dieser Vorgehensweise aufgrund einerseits der aktiven (eigene Fragen an den Text stellen) und andererseits der repetierenden Elemente (wiederholen, umformulieren, überprüfen, erinnern) eine höhere Wirksamkeit attestiert wird als einschrittigen Lesetechniken.[48] Studien zeigen zudem, dass diese

---

45 Mayer 2005, S. 154; Breyer 2007, S. 36.
46 Kuhn 2016, S. 70.
47 Dazu https://www.lernen-heute.de/lesen_sq3r.html.
48 Vgl. Werder 1994, S. 57 mit Verweis auf Anderson, J.R.: Kognitive Psychologie, Heidelberg 1991, S. 183 und Ballstädt, S.P. u. a.: Texte verstehen – Texte gestalten, München 1981.

Methode nach Ablauf aller Schritte in der Tat ermöglicht, das Textverständnis zu verbessern.[49] Allerdings hängt der Nachvollzug aller Schritte wesentlich von der Ihnen zur Verfügung stehenden Zeit ab. Insgesamt ermöglichen Ihnen SQ3R und seine Varianten viele Zugänge zum Text und Sicherheit bei der Erinnerung an das Gelesene.

Langsames Lesen als elementares Lesen und Entziffern historischer Quellen

In geisteswissenschaftlichen Studienfächern haben Sie es mitunter mit Texten zu tun, die aufgrund ihres Schriftbildes oder Codes nur sehr langsam gelesen werden können. Das Lesen von Inschriften, Handschriften, alten Drucken und Urkunden, alten Abbreviaturen und Beizeichen zählt zu den grundwissenschaftlichen Fachkompetenzen von historisch arbeitenden GeisteswissenschaftlerInnen. In den fremdsprachigen Philologien oder in Fächern, in denen Texte aus anderen Schriftsystemen zum Arbeitsmaterial zählen, haben Sie es ebenfalls mit fremden Zeichen zu tun, die Sie dazu zwingen, langsam und elementar zu lesen. Auch digitale und technische Arbeitsweisen bringen neue Zeichensätze hervor, die Teil unserer fachlichen Arbeit sein können, z. B. in der Computerlinguistik oder in der Medienwissenschaft.

Ich war geradezu entsetzt, als ich meinen ersten Tag im Archiv hinter mir hatte: Gerade hatte ich mein Lesetempo so gesteigert, dass ich mein Studienpensum gut schaffte, da saß ich an einem Tisch und brauchte für eine einzige Seite zwei Stunden. Buchstabe für Buchstabe musste entziffert werden; manche habe ich überhaupt nicht erkannt. Ich fühlte mich wie ein Grundschulkind, das sich jedes Zeichen, jedes Wort, jeden Satz mühselig erarbeitet und dafür so lange braucht, dass es den Satz von vorne beginnen muss, weil es am Ende schon wieder

---

49 Christmann/Groeben 1999, S. 192. Karcher 1994, S. 308. https://www.e-fellows.
   net/Studium/Soft-Skills/Lesetechniken/Lesen-leicht-gemacht.

vergessen hat, was die Zeichen am Anfang bedeuten. Am Ende des Tages hatte ich lediglich einen Lückentext und nichts verstanden. Im Studium kann es also sein, dass Sie elementares Lesen lernen müssen – die Zuordnung von Laut und Zeichen, von Symbol und Bedeutung.

Wissen Sie noch, wie lange Sie gebraucht haben, bis Sie sicher lesen konnten? Wie lange üben Sie dieses Lesen nun durch stete Praxis? Wenn Sie sich diese Zeit vergegenwärtigen, können Sie vielleicht Ihrer Ungeduld beim Entziffern fremder Schriftsysteme mit Wohlwollen begegnen. Da Sie in Ihrer Kindheit erfolgreich elementares Lesen gelernt haben, wird es nun bei der Wiederholung dieses Lernens schneller gehen.

Das Lesen von Texten in fremden Schrift- und Zeichensystemen setzt voraus, dass Sie neu lesen lernen. Dazu gehören neben dem Üben auch spezifische Wissensbestände:

* Wissen über Codes, Buchstaben, Interpunktionszeichen, Abkürzungen,
* Wissen über Schreibduktus, Ästhetik, Schreibkonventionen in spezifischen Entstehungszusammenhängen,
* Wissen über Schreibtechnik, Werkzeuge, Beschreibstoffe,
* Wissen über Verwaltungs-, Überlieferungs- und Veröffentlichungsstrukturen,
* Strategien, Lehrwerke und Hilfsmittel zum Lesen schwieriger Schriften.[50]

Auch, wenn Sie um das mühselige Entziffern nicht gänzlich herumkommen, können Sie mithilfe von Methoden die Arbeit mit Texten in fremden Schriften und Systemen erleichtern.

---

50 Z. B. Haarmann 2004; Bergerhausen /Poarangan 2011; Braun 2015; Boeselager 2004, sowie Einführungen in die arabische, russische, chinesische u. a. Schrift.

Grafische Methode

Sie schauen sich den Text als grafische Einheit an, vielleicht sogar im Vergleich zu einem anderen Text aus dem Entstehungskontext. Mitunter helfen technische Lösungen weiter: Sie vergrößern die Schrift am Bildschirm oder mithilfe einer Lupe, Sie scannen oder fotografieren das Dokument und bearbeiten es am Computer, indem Sie z. B. die Kontraste erhöhen oder in Graustufen umwandeln.[51]

Wenn Sie am Anfang stehen oder der Text sehr schwer lesbar ist, können Sie ganz technisch vorgehen:

* Zeilen zählen,
* Wortgrenzen in den Zeilen ermitteln,
* Buchstaben innerhalb der Wortgrenzen zählen, soweit möglich.

Hier kann die Arbeit mit Kopien sehr hilfreich sein, damit Sie Trennstriche einzeichnen oder wiederkehrende Zeichen über das Blatt hinweg markieren und verbinden können, um die Kombinationen mit anderen Buchstaben zu beobachten. Sie können auch karierte Blätter verwenden und je ein Kästchen für einen Buchstaben vorsehen. Boeselager empfiehlt die Arbeit mit einem Probier- und einem Deutungsblatt für Besonderheiten und Beobachtungen.[52] Mir hat es geholfen, Zeichen abzumalen und abzuschreiben sowie eine Kopie der Schrifttafel zur Hand zu haben.

Wenn Sie für ein Wort einige Buchstaben identifiziert haben, andere aber nicht, können Sie es bei jenen Leerstellen das »Buchstabenschieben« versuchen. Sie probieren durch, welcher Buchstabe an dieser Stelle Sinn ergibt. Möglicherweise werden Sie nicht alle Buchstaben zuordnen können. Meist ist es auch gar nicht erforderlich,

---

51 Material und Übungen zur historischen Schriftkunde finden Sie beispielsweise auf der Website der Generaldirektion der Staatlichen Archive Bayerns: https://www.gda.bayern.de/DigitaleSchriftkunde/.
52 Boeselager 2004.

tatsächlich jeden Buchstaben übertragen zu haben; wir können Worte und Inhalte häufig auch mit vereinzelten Lücken korrekt erfassen, pro*iere* Si* es a*s. Treten Sie anschließend von Ihrer Buchstabensammlung zurück und erfassen Sie den Text wieder als grafische Einheit. Vermutlich können Sie nun aus Ihrem (lückenhaften) grafischen Befund eine Lösung entwickeln, die es Ihnen erlaubt, weiterzuarbeiten. Vier spezifische Wissensbestände erleichtern Ihnen die Arbeit: Ihr Wissen um

- die Varianz von Zeichen,
- Schriftbesonderheiten,
- Rechtschreibkonventionen und
- Wortschatz.

Assoziative Methode

Ehe Sie den Text entziffern, notieren Sie, was Sie bereits über ihn wissen. Sind Sie mit den formalen Regeln des Textes vertraut? Wer ist der Autor und was ist für ihn sprachlich, biografisch oder stilistisch spezifisch? Welche Textgattung liegt vor, was sind ihre Merkmale, Formen und Stile? Können Sie den Text chronologisch einordnen und die Entstehungsbedingungen rekonstruieren? Wie ist der Text organisiert – gibt es Kapiteleinteilungen oder gestalterische Hinweise zum Textaufbau? Möglicherweise benötigen Sie Wissen aus allgemeinen Nachschlagewerken oder benachbarten Disziplinen: Daten zu Autoren, Werkgeschichten, Textsorten; für literarische Texte aus der Literaturwissenschaft, für Verwaltungsschriftgut aus der Diplomatik, für fremdsprachige Texte aus den sie behandelnden Philologien, für Codes und digitale Texte aus der Informatik. Aus Ihren Antworten können Sie Erwartungen an den Text ableiten und haben die Deutungsmöglichkeiten und häufig auch den verwendeten Wortschatz eingegrenzt.

Textimmanente Methode

Sie erarbeiten die Bedeutung des Textes aus sich selbst heraus. Sie lesen den Text, so gut Sie es können, ohne an einzelnen Zeichen oder Details hängenzubleiben. Falls Sie nach einigen Sätzen merken, dass Sie keinen Zugang zum Inhalt finden, ist es sinnvoll, die Methode zu wechseln und zunächst grafisch zu arbeiten. Das Ziel der textimmanenten Methode ist nicht, schnell zu lesen und auszuwählen, sondern den Text konsequent in dem für Sie angemessenen Tempo zu lesen, um Thema und Inhalt zu erfassen. Sie beschreiben und analysieren zunächst die äußeren Merkmale des Textes: Textsorte, Aufbau, Länge, Schriftart, sichtbare Gliederung, äußere Besonderheiten, Sprache, Argumentations- oder Handlungsgang. Welche Beobachtungen stützen Ihre Hypothese, welche widerlegen sie?

Anschließend geben Sie den Inhalt in eigenen Worten wieder. Konzentrieren Sie sich auf den Handlungsverlauf, die Hauptpunkte oder die Schilderung des Sachverhalts. Nun können Sie eine erste Hypothese formulieren: Wie verstehen Sie den Text, was bedeutet er Ihrer Ansicht nach? Auf welche Weise und zu welchem Zweck wollen Sie ihn interpretieren?

Zuletzt suchen Sie Textstellen heraus, die Ihr Textverständnis stützen, und bereiten sie so auf, dass sie als Zitat oder Beleg in Ihren Text übernommen werden können. Sie ziehen zudem die formale Analyse heran, um zu prüfen, ob sich aus der Analyse von Aufbau, Sprache und Argumentationsgang weitere Stützen für Ihre Hypothese ergeben. Auf dieser Grundlage können Sie ein zusammenfassendes und bewertendes Fazit schreiben.[53]

Von Aura und Aushebezeiten – Lesen von Quellen

Eine weitere Besonderheit stellt das Lesen von Quellen im Original und im Archiv dar. Es gibt auch hier einen Diskurs über die Aura, die

---

53 Schmidt o.J.

meist weniger dem Text als dem Material gilt, dem besonderen Ort und der Vorstellung, etwas in der Hand zu halten, das ein anderer Mensch vielleicht vor ein paar hundert Jahren erstellt hat, und es entsteht eine zwar unbestimmte, doch spürbare Verbindung über die Zeit hinweg.

Genießen Sie dieses Gefühl. Doch auch Archivarbeit ist wirklich nicht romantisch. Der größte Teil des Archivguts ist Verwaltungsschriftgut und nicht geschrieben, um Sie zu bereichern oder in Bann zu ziehen. Archivarbeit ist aufwändig und dauert lange, schon allein wegen der Verwaltungsabläufe innerhalb des Archivs, die Sie als Studierende zunächst kennenlernen müssen. Sie sind nicht in Ihrer gewohnten Umgebung und müssen sich an andere Lichtverhältnisse, Geräusche, Abläufe anpassen. Ich persönlich als Schnellleserin hatte im Archiv anfangs immer das Gefühl, meine Zeit zu verschwenden, da so viel für das Warten und das sehr langsame Entziffern der Dokumente draufging – in der Ungewissheit, ob die Dokumente dann überhaupt für meine Fragestellung aussagekräftig sein würden. Insbesondere in den ersten Stunden spürte ich das Verlangen, eine Volltextsuche über das Faszikel laufen zu lassen und hilflosen Frust, weil es keine andere Möglichkeit gab, als sich auf das Lernen der Schrift, das langsame Lesen und den Rhythmus des Archivs einzulassen.

Die Arbeit im Archiv und mit (Digitalisaten von) Archivalien ist auch für historisch arbeitende GeisteswissenschaftlerInnen nicht mehr selbstverständlich. Es ist aber eine wichtige, spezialisierte Arbeit. Sie dient dazu, Informationen neu zu erschließen und Überlieferung zu sichern. Wenn Sie mit Findmitteln und Archivalien arbeiten können, verfügen Sie auch über eine arbeitsmarktliche Fachkompetenz. Genießen Sie die materielle Erfahrung von Transzendenz und Aura, die das Archiv bietet, aber übertragen Sie sie nicht in den Arbeitsprozess. Bereiten Sie sich mittels Websitelektüre und ggf. telefonisch auf den Besuch vor, um den Rhythmus von Bestell- und Aushebezeiten zu erfassen und sich darauf einzustellen. Bereiten Sie sich innerlich darauf vor, dass sehr effektives Arbeiten bedeuten kann, am Ende des Tages fünf Seiten gelesen und transkribiert zu haben und festzustellen, dass sie für Ihre Arbeit nicht relevant sind. Und dass diese Arbeit erstens notwendig war und zweitens wiederum zum Tätigkeitsprofil historisch arbeitender GeisteswissenschaftlerInnen gehört.

Zeitmanagement und Leseorganisation

Nun kennen Sie Techniken und Methoden, um schnell zu lesen und um langsam zu lesen. Doch diese Methoden lösen nicht die organisatorische Ebene des Zeitproblems. Dafür ist ein Blick in Ihre Studienorganisation insgesamt erforderlich.

Für viele Studienanfänger gehört es zu den großen Umstellungen, aus der Lernroutine der Schule in eine neue Studienroutine zu finden. Trotz der »Verschulung« des Studiums haben Sie deutlich mehr Freiräume, vor allem aber einen weniger kompakten Rhythmus. Die Einteilung, vormittags Unterricht zu haben und nachmittags selbstgesteuert zu lernen, geht nicht immer auf; die Tagesabläufe sind je nach Stundenplan und Semesterphase unterschiedlich. Falls Sie eine Person sind, die großen Wert auf wiederkehrende Abläufe und klare Strukturen legt, mag es schwer sein und viel Energie kosten, sich so umzustellen, dass Sie vormittags gut lesen können und am frühen Abend ein Seminar besuchen. Wenn Sie sensibel auf Geräusche, Gerüche und Bewegungen reagieren oder am besten an einem festen, privaten, auf Ihre Bedürfnisse hin eingerichteten Lernort arbeiten, kann das ausdauernde Lesen in der Bibliothek für Sie Stress bedeuten und Sie können sich nicht gut konzentrieren. Darum lohnt ein analytischer Blick auf Ihren Studienalltag und ein Abgleich dieses Alltags mit Ihren Bedürfnissen, damit Sie sich so organisieren können, dass es Ihrem Lernen und Lesen zugutekommt.

Bei mir persönlich schwankt das Gefühl für die Lesemenge und -zeit. Intuitiv würde ich sagen, dass ich viel lese, und auch, dass ich

Lesestress habe. Paradoxerweise beginne ich im Lesestress überhaupt nicht mit dem Lesen. Ich warte dann auf den Moment, zu dem die idealen Bedingungen für den Lesestart eintreffen. Dann werde ich anfangen. Aber dieser Moment kommt nicht. Den ganzen Tag – und mit Pech auch noch den folgenden und den danach – habe ich die Leseaufgabe im Kopf, werde immer gestresster, doch ich beginne nicht. In mein inneres Leseprotokoll würde ich eintragen, dass ich mich den ganzen Tag mit dem Text beschäftigt habe, also genug tue. In mein ausgelagertes Protokoll müsste ich eintragen: 0. Nicht gelesen.

Übung: Tatsächliche Lesezeit

Um herauszufinden, ob Sie genug für Ihr Lesen tun, ist der erste Schritt, sich der Lesezeit bewusst zu werden. Notieren Sie jetzt eine Schätzung, wieviel Zeit pro Tag oder Woche Sie mit Lesen für das Studium verbringen. Führen Sie dann einige Tage lang Protokoll.

Wann und wie lange lesen Sie Studienliteratur?

Wann und wie lange reflektieren Sie Ihr Lesen, werten Ihre Leseprozesse aus und kümmern sich um die Verwertung und Speicherung?

Wann und wie lange befassen Sie sich mit dem Erlernen neuer Lesetechniken und -methoden bzw. mit der Verbesserung Ihres wissenschaftlichen Lesens?

Werten Sie Ihr Protokoll aus. Gleichen Sie die Schätzung mit der Ihren Protokollen ab.

Übung: Netto-Lesezeit

Beobachten Sie sich selbst und notieren Sie:

Zu welchen Tageszeiten können Sie sich besonders gut konzentrieren?

Zu welchen Tageszeiten können Sie gut zuhören und neuen Stoff aufnehmen?

Zu welchen Tageszeiten sind Sie kommunikativ?

Zu welchen Tageszeiten sind Sie produktiv?

Ich trage Ihnen meine Zeiten als Beispiel ein, bitte ersetzen Sie sie mit den Ihren:

Lesestimmung	Meine Uhrzeiten
Konzentration	6–12, manchmal 20–22
Zuhören, neuer Stoff	10–12, 16–20
Kommunikativ	9–12, 15–18
Produktiv	6–10, manchmal 20–22
Müde, nicht aufnahmebereit	22–6, 13–15

Übertragen Sie diese Zeiten in einen Tageslauf:

Phase	Lesestimmung
22–6	Müde, nicht aufnahmebereit
6–10	Konzentriert, produktiv
9–12	Kommunikativ
10–12	Zuhören, neuer Stoff
13–15	Müde, nicht aufnahmebereit
15–18	Kommunikativ
16–20	Zuhören, neuer Stoff
20–22 (manchmal)	Konzentriert, produktiv

Nun können Sie Ihren Lernstimmungs-Tagesablauf auf den Wochenplan übertragen. Zusätzlich können Sie andere Vormittage oder Pausen zwischen den Veranstaltungen für Lese- und Studienaufgaben nutzen, für die nicht so viel Konzentration erforderlich ist. Das bedeutet allerdings auch, dass Sie dafür sorgen müssen, in diesen Konzentrationsphasen den Lesestoff bereits vorliegen zu haben. Sie müssten also beispielsweise montags die Texte für Dienstag organisieren und entweder mittwochs zwischen den Seminaren oder vor dem Sport oder donnerstags vor dem Seminar die Lektüre für Freitag. Falls Sie eine Hochschularchitektur haben, die Sie zu langen Wegen zwingt, oder eine Bibliotheksorganisation, die ein Bestellsystem hat, sollten Sie hierfür Zeiten einplanen. Falls Sie zusätzlich z.B. noch Familienpflichten haben, dehnen sich die Zeiten für Ortswechsel und weitere Pflichten aus. Sie sehen – und wissen vermutlich aus Erfahrung –, dass diese Konzentrationszeit nicht leicht freizuhalten und zweckgemäß zu nutzen ist.

	Montag	Dienstag	Mittwoch	Donnerstag	Freitag	Samstag	Sonntag
6							
7		Konzentriert lesen					
8			Lateinkurs		Konzentriert lesen		
9		Job					
10	Seminar		Seminar	Seminar	Seminar	Job	
11							
12	Mittagessen	Mittagessen	Mittagessen	Mittagessen	Mittagessen	Mittagessen	Mittagessen
13	Seminar	Ausleihe	Rückgabe von Büchern etc.	Job	Seminar		
14							

	Montag	Dienstag	Mittwoch	Donners- tag	Freitag	Samstag	Sonntag
15	Tutorium	Seminar	Seminar				
16	Auslei-he, Rückga-be von Büchern etc.						
17		Seminar					
18	Seminar						
19			Sport				
20							
21							
22							

In diesem Schema ist die Zeit für die Vor- und Nachbereitung der Veranstaltungen noch nicht reserviert, ebenso nicht für Fahrzeiten oder Prüfungsvorbereitung und Zeiten zur Studienorganisation. Wenn Sie pauschal davon ausgehen, dass Sie pro Veranstaltung während des Semesters zwei Stunden veranschlagen sollten – zwei ECTS entsprechen einem Workload von sechzig Stunden, die Präsenzzeit in der Veranstaltung deckt davon dreißig Stunden ab – und mit der Fahrt eine Stunde pro Tag beschäftigt sind, wird Ihr Wochenplan sehr voll. Alles Graue sind mögliche Vor- und Nachbereitungszeiten jenseits der Konzentrationsphasen:

	Montag	Dienstag	Mittwoch	Donnerstag	Freitag	Samstag	Sonntag
6							
7		Konzentriert lesen					
8			Lateinkurs		Konzentriert lesen		
9		Job					
10	Seminar		Seminar	Seminar	Seminar	Job	
11							
12			Mittagessen				
13	Seminar		Ausleihe, Rückgabe etc.	Job	Seminar		
14							
15	Tutorium	Seminar	Seminar				
16	Ausleihe, Rückgabe etc.						
17		Seminar					
18	Seminar						
19			Sport				
20							
21							
22							

Ein solcher Wochenplan ist eng und erfordert viel Disziplin. Sie sehen, dass nur wenig Zeit bleibt, um Methoden wie Speed Reading zu erlernen und zu trainieren – ganz zu schweigen von anderen Studientätigkeiten. Da Sie als Studierende für Ihre Lernprozesse und deren Organisation selbst die Verantwortung tragen, ist es mitunter verführerisch, einer scheinbar unproduktiven Tätigkeit wie Lesen weniger Zeit zu geben als ihr zusteht. Enge Stundenpläne erfordern,

1) Zeiten zur Konzentration zu schaffen und gegen alle anderen Ablenkungen und Pflichten zu verteidigen,
2) zu erkennen, wann welche Lesart zweckdienlich ist, und die Haltung loszulassen, alle Texte gleichermaßen gründlich und langsam lesen zu müssen,
3) das Lesen gut zu organisieren, um keine Zeit mit wiederholter Literaturbeschaffung, doppelter Lektüre etc. zu verbringen,
4) Puffer einzuplanen, um unerwartete Hürden zu meistern, wie bestellte Titel abzuholen oder ein neues Schriftsystem zu erlernen,
5) Kontinuität zu sichern, um Techniken zu verbessern, Datenbanken und Gedächtnis zu pflegen,
6) das Lesen als Teil Ihrer Arbeit zu definieren. Der überwiegende Teil des Lesens im Studium ist ernsthafte, anstrengende Arbeit. Lesen ist eine Kerntätigkeit Ihres beruflichen Profils als StudentIn. Sie müssen daher Lesen als Teil Ihrer Arbeit ernstnehmen. Schaffen Sie für Ihr Lesen im Studium ein professionelles Setting.

> **Übung: Zeitfenster**
> Was wäre die kleinste Zeiteinheit, zu der Sie sich überwinden könnten, um etwas zu lesen? Wie unterscheiden sich Ihre Leseeinheiten von fünf, zehn, zwanzig und sechzig Minuten hinsichtlich der Qualität der Lektüre? In welcher Länge erzielen Sie die besten Ergebnisse? Für welche Länge kommen welche Lesetechniken und -methoden in Frage?

Was meint »professionelles Setting«?

Bereits die unterschiedliche Verfügbarkeit von Texten, die Sie im Studium und im beruflichen Alltag bearbeiten müssen, legt nahe, dass Sie mit *einem* Leseplatz und dessen Management nicht auskommen.

Wenn Sie in einer Bibliothek oder in einem Archiv lesen, müssen Sie evtl. einen Platz reservieren und Ihr Material rechtzeitig bestellen, um mit dem vorhandenen Zeitbudget auszukommen. Sie müssen organisieren, wann und wie Sie für Ihre körperliche Leistungsfähigkeit sorgen können. Auch der Bildschirmleseplatz braucht ein professionelles Setting. Vermutlich werden Sie dasselbe Gerät oder dieselben Geräte sowohl für Studien- als auch für private Zwecke nutzen, sodass die Gefahr besteht, von E-Mails, sozialen Medien oder leerem Akku abgelenkt zu werden. Vermutlich kennen Sie die Studien, die belegen, dass diese Unterbrechungen viel Zeit und Konzentration kosten – mehr, als das kompakte Arbeiten und anschließend das kompakte Surfen und Mailbearbeiten.

Übung: inneres und äußeres Bild
Haben Sie einen Lieblingsplatz zum professionellen Arbeiten? Haben Sie ein inneres Bild, wie Sie selbst aussehen, wenn Sie professionell lesen? Kennen Sie Medien, Tools, Bilder, Möbel, Musik o. ä., die Ihre konzentrierte Arbeit an Texten mit Studienrelevanz fördern?

Entwerfen Sie – in Text, Bild, Collage, Playlist, Pinnwand – ein auf Sie zugeschnittenes professionelles Lesesetting, das Ihre Bedürfnisse erfüllt und Ihnen die Lesearbeit erleichtert.

Verbessern Sie innerhalb von drei Minuten eine Kleinigkeit an Ihrem Hauptarbeitsplatz, die Ihrer Konzentration oder Effektivität zugutekommt.[54]

---

54 Vgl. Scherübl/Günther 2015.

Tools

Es gibt eine Reihe von Werkzeugen, die Ihnen dabei helfen, das Gelesene gut zu organisieren. »Gut« meint hier: so, dass Sie es wiederfinden, auch mit zeitlichem Abstand nutzen können und dass es im Sinne wissenschaftlicher Arbeit korrekt ist.

Mit **Markierungen** sind Sie wahrscheinlich intuitiv vertraut. Markieren wird meist gleichgesetzt mit Anstreichen. Bei Texten, die viele neue Informationen enthalten, streichen Studierende mitunter den gesamten Text an. Folglich wird die Arbeit unübersichtlich und Sie können nicht mehr unterscheiden, was wichtig ist. Darum folgende Regeln:

* Markieren Sie sparsam und nur auf den Arbeitsauftrag hin. Falls Sie außerdem viele Passagen finden, die später interessant sein können, arbeiten Sie mit einem zweiten Exemplar. Üben Sie jedoch auch ganz bewusst, es bei einem Lesedurchgang und bei einer Aufgabe zu belassen.
* Markieren Sie so, dass der Text mittels Markierungen strukturiert wird.

Entwickeln Sie ein Markierungssystem und entwickeln Sie es weiter, z. B.:

* Unterstreichen Sie wichtige Stellen.
* Hierarchisieren Sie diese Stellen mit der Strichstärke. Nutzen Sie zeilenübergreifende Linien, um Gedankenverbindungen anschaulich zu machen.
* Nutzen Sie farbige Markierungen, um Textstellen rasch wiederzufinden.
* Entwickeln Sie Markierungssymbole.

Erfinden Sie Zwischen und Untertitel. Nummerieren Sie sie dann, so dass eine klare Textgliederung sichtbar wird.[55]

Seit ca. zehn Jahren wird das Programm »Citavi« zur **Literaturverwaltung** und Wissensorganisation im Studium für Windows-Systeme angeboten und weiterentwickelt. Viele Hochschulbibliotheken bieten Schulungen in Citavi an. Eine Basisversion, die in der Regel für Hausarbeiten und kleinere Projekte ausreicht, ist kostenlos. Alternativen zu Citavi sind z. B. Endnote, Zotero und Kolwiz. Sie haben unterschiedliche Funktionen im Detail, etwa in der Möglichkeit, Zitate und Exzerpte abzuspeichern, und unterschiedliche Kompatibilitäten zu Betriebssystemen bzw. als Apps. Vorteile hier sind die schnelle Übertragung in den linearen Text und andere Dateiformate, die Möglichkeit, Bezüge mittels Verlinkung herzustellen und auf diese Weise die Linearität eines Textes zu überwinden, sowie die Möglichkeit, gemeinsam an Zettelkästen zu arbeiten bzw. den eigenen Zettelkasten zu publizieren, etwa als Wiki oder Blog.[56]

Mit dem System »**Zettelkasten**« sind Sie möglicherweise vertraut; vielleicht aus dem Kontext des Vokabellernens. Für die reine Literatur- und Exzerptverwaltung hat es in Papierform zweifellos den Nachteil des begrenzten Raums für Ihre Notizen und Anmerkungen, wenn Sie nicht mehrere Karten nehmen möchten. Als Vorteil ermöglicht der Zettelkasten allerdings das räumlich umfangreiche Auslegen der Karten auf einer Fläche, das unkomplizierte Verschieben und vor allem das Memorieren, da das handschriftliche Notieren den Weg ins Gedächtnis vertieft. Zettelkästen dienen in erster Linie zur Literaturverwaltung; ein gutes, für Sie funktionierendes System und Vollständigkeit bildet die Grundlage für die Aufnahme weiterer Gedanken und den Ausbau des Zettelkastens zu einem gedanklichen Ordnungs- und Bezugssystem. Dann können Sie den Zettelkasten so anlegen, dass er die Struktur, Sachverhalte, Themen und Gedanken Ihres Projektes aufnimmt und Belege und Schlagworte verzeichnet.

---

55 Vgl. Werder 1994, S. 46.
56 Vgl. Ahrens 2017.

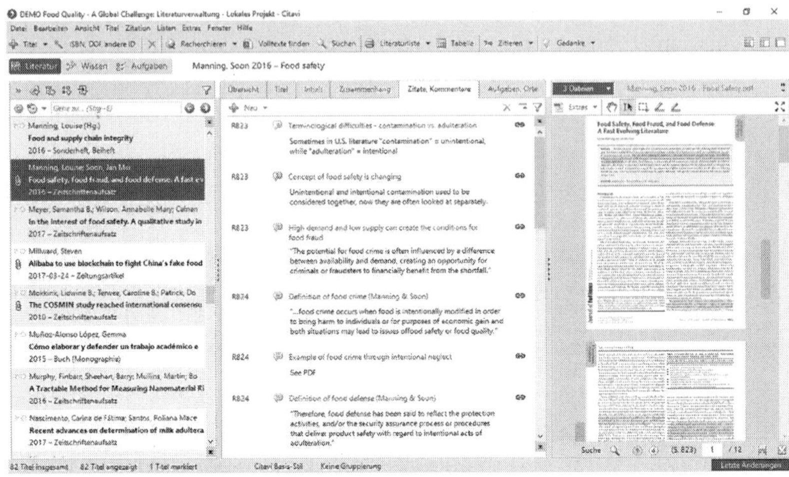

Abb. 2: Oberfläche des Programms Citavi, hier CC-Lizenz aus Pahi (Diskussion). Eigener Screenshot, CC BY-SA 3.0, https://de.wikipedia.org/w/index.php?curid=10236757

Mit der Zeit wächst Ihr Zettelkasten an. Wenn Sie sich dann einem Projekt widmen möchten, können Sie anhand der gesammelten Zettel neue Ordnungen und Vernetzungen erstellen, ohne dass Sie die Informationen neu extrahieren oder die Belege neu erstellen müssen.

Ebenso gibt es die Möglichkeit, das Lesen mithilfe von **Bullet Journals** zu organisieren. Obwohl es digitale Angebote und Apps gibt, die das Bullet Journal für Computer und Smartphones adaptieren, nutzen die meisten es als analoges Werkzeug und verbinden die Organisation ihrer Pflichten mit einer kreativen, individuellen und entspannenden Gestaltung. Für ein Bullet Journal benötigen Sie ein Notizbuch und Stifte, mit denen Sie gern schreiben und malen. Weiteres Zubehör können Sie sich individuell zusammenstellen: Lineal, Schablonen, Tape, Aquarellfarben, Vorlagen. Einige bekannte Notizbuchhersteller bieten digitale Erweiterungen an, sodass Sie z. B. Ihre analogen Eintragungen in Dateien übertragen können. Auch diverse Apps sind auf dem Markt.

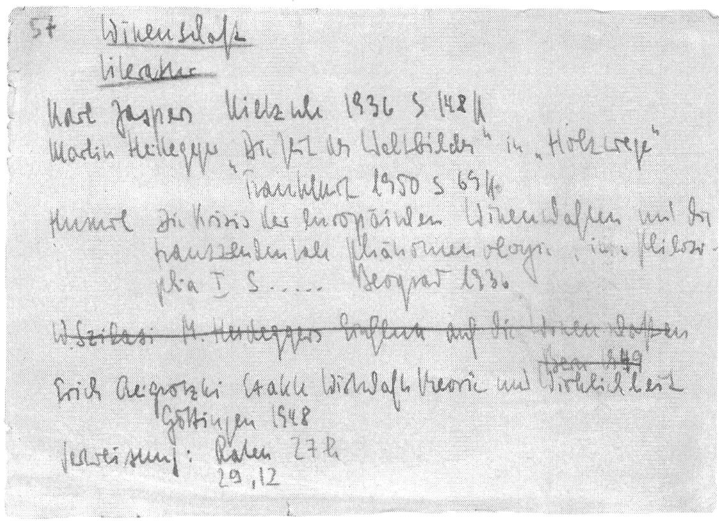

Abb. 3/4: Niklas Luhmanns Zettelkasten (oben), ZK 1, Zettel 57 (unten). Mit freundlicher Genehmigung des Niklas-Luhmann-Archivs, Universitätsbibliothek Bielefeld.

Das Bullet Journal als Organisationshilfe für das Lesen könnte beispielsweise folgendermaßen gestaltet werden: Die ersten Seiten reservieren Sie für das Inhaltsverzeichnis, das mit Ihren Eintragungen mitwächst. Der zweite Abschnitt heißt »Future Log« und listet zukünftige Leseaufgaben. Wenn Sie Monats- oder Wochenkästchen anlegen, können Sie den Beginn und/oder das Ende des Leseprozesses dort eintragen. Dieser Future Log kann sich z. B. auf ein Semester erstrecken oder das Lesen eines Projekts wie der Bachelor- oder Masterarbeit begleiten. Der dritte Abschnitt versammelt die Leseaufgaben eines einzelnen Tages. Sie listen sie auf und nutzen ein Symbolsystem, um die Notiz visualisieren: Handelt es sich um eine Leseaufgabe, um ein Leseergebnis, um Notizen oder um Exzerpte? Wie wichtig ist die Leseaufgabe, in welcher Reihenfolge wollen Sie Teilaufgaben abarbeiten? Welche Dinge halten Sie schon einmal fest, welche benötigen aber noch Feinschliff? Wenn Sie Ihre Aufgaben erfüllt haben, haken Sie sie ab. Wenn Sie sie nicht erfüllt haben und fallen lassen, streichen Sie sie durch. Wenn Sie die Aufgabe auf einen anderen Tag verschieben, versehen Sie sie mit einem Pfeil und notieren Sie den Tag, auf den Sie sie verschoben haben. Im Anschluss an den Block mit den Einträgen zu den einzelnen Tagen finden auch die Notizen und Exzerpte der gelesenen Texte Platz. Die Einträge folgen dem chronologischen Verlauf der Lektüre.

Die Gestaltung ist aufwändig, genauso wie das ständige Nachhalten von Teilaufgaben und Details. Als Vorteile zeigen sich aber die Freude an der Gestaltung und die Gelegenheit zur kreativen, individuellen Anpassung.[57] Sie können die planerischen Funktionen des Bullet Journal auch mit einer der vielen To-Do-Apps ersetzen.

Damit ist das Bullet Journal in seiner Kombination aus Planung, Organisation und Reflexion eine Variante des **Lesejournals**. Insgesamt ist das Lesejournal nicht so strukturiert aufgebaut wie ein Bullet

---

57 Zum Bullet Journal siehe Carrol 2018.

Journal und kann verschiedene Inhalte unverbunden aufnehmen. Ein Lesejournal kann verzeichnen

* Titel- und Textlisten, Lese-Absichts-Listen
* Lesestatistik
* Kanonlisten
* Transkriptionshilfen
* AutorInnenporträts
* Zeit- und Projektplanung, Lesekalender
* Ihre persönlichen Leseziele und Erfahrungen, diese zu erreichen
* Exzerpte
* Lese- und Schreibexperimente
* Reflexionen der Übungen und des Umgangs mit den Techniken, die in diesem und anderen Büchern vorgestellt werden
* Visualisierungen, intertextuelle Bezüge und Leseanregungen aus anderen Medien (Videos, Hörbücher etc.)
* Äußerungen zu wissenschaftlichen Texten und Pflichtlektüren, die im Studienkontext unpassend wären, aber helfen, den Kopf zu klären
* Biografische Reflexionen
* Moodboards
* Merklisten rund ums Lesen, etwa bewährte Möbel, Lichtquellen, Musik ...

Sie können Ihr Lesejournal auch als Blog führen, den Sie mit je passender Öffentlichkeit versehen.[58]

Auch eine Reihe von **Apps, Programmen und Online-Interfaces** bieten die Möglichkeit, Ihr Lesen und die Leseorganisation zu erleichtern. »Blinkist« ist ein kostenpflichtiger Dienst, der fünfzehnminütige Zusammenfassungen von Sachbüchern anbietet. »Pocket« (ehemals »Read it later«) oder der Online-Dienst »Instapaper«

---

58 Siehe auch Reich 2008.

machen Online-Artikel offline im Textformat zugänglich, sodass der Reiz abgeschwächt wird, parallel zum Online-Lesen und -Recherchieren auch noch andere Dinge zu tun. Weil gerade das Lesen am Bildschirm für die Augen sehr anstrengend ist, helfen »TimeOut« (Mac) oder »FadeTop« (Windows), Pausen einzulegen, indem sie den Bildschirm in regelmäßigen Abständen für festgelegte Zeiten pausieren lassen. Es gibt Tools, die Online-Texte augenfreundlicher umwandeln und optische Unterbrechungen, die im Druck entstehen würden, löschen (z. B. im Reader Librera). Text-to-Speech-Angebote lesen Ihnen gedruckte Texte vor, wenn auch leicht mechanisch; auch hier kann ein Medienwechsel Ihren Geist erfrischen, Sie können Texte im Laufen hören oder auf andere Art besser in Ihren Alltag einpassen. Ein befreundeter Autor gab mir den Tipp, Text-to-Speech als Korrekturhilfe für eigene Texte zu nutzen: Ein falsch geschriebenes Wort oder ein unvollständiger Satz fällt dann sofort auf.

Mit **Sketchnotes** können Sie eine visuelle Notiz zum gelesenen Text erzeugen. Sketchnotes bestehen aus Zeichnungen, Piktogrammen, Wörtern und Strukturen. Sie helfen dabei, die Linearität des Textes zu überwinden und können auf diese Weise eine neue Dimension für Verstehen und Nachvollzug öffnen. Mithilfe von Sketchnotes können Sie z. B. darstellen, ob ein Text modular oder linear aufgebaut ist; Sie können empirische Daten in Diagramme übertragen und Beziehungen zwischen Akteuren oder Textteilen visualisieren. Sie aktivieren auf diese Weise das visuelle Gedächtnis, das bei überwiegend abstrakt-textbasierten Einprägeübungen für einen Medien- und Methodenwechsel dankbar ist.[59]

Das **Exzerpieren** ist eine Form des schreibenden Lesens – parallel zur Texterfassung werden Notizen angefertigt, die für die zukünftige Verwendung gedacht sind. Es ist also ein Zwischenschritt zwischen Lesen und Schreiben; eine Form von Wissensmanagement. Unabhängig von der Variation von Exzerpten gilt darum immer: Die korrekte

---

59 Dazu https://sketchnotes.de/.

und vollständige bibliographische Angabe sollte mit der Notiz einhergehen. Notieren Sie daher zum Beispiel oben auf der Seite die vollständige bibliographische Angabe und zu jedem Gedanken, Zitat und zu jeder Notiz die entsprechende Seitenzahl vor- oder nachgestellt, hier ein knappes Beispiel:

Hartung, Olaf: Museen und Geschichtsunterricht, Stuttgart 2020.
Zum Buch insgesamt: Der Autor fragt, wie Museen Geschichte präsentieren, welche Konzepte hinter der Präsentation von Ausstellungen und Einzelobjekten stehen und wie Schule und Museum miteinander interagieren können. Er kombiniert für seine Antworten praktische Erfahrungen, theoretische Konzepte, empirische Forschungsergebnisse und didaktische Konzeption.
S. 7: Mir gefällt, dass die Ziele des Buches transparent sind und mitgeteilt werden. Der Autor tritt so in Erscheinung und erinnert daran, dass der folgende Text nicht vorhandene Wirklichkeit in Buchform übersetzt, sondern dass sein Schreiben absichtsvoll erfolgte – und welche Absichten ihn leiteten.
S. 38: Ich wurde vom unerwarteten Wort »Lesen« geweckt. Was meint Hartung damit? Dafür muss ich auf S. 36 zurückgehen auf die Einführung des Begriffs »narrativistisches Paradigma«, vereinfacht: Geschichte wird erzählt. Im Museum werden Objekte gemäß einer nachvollziehbaren erzählerischen Struktur angeordnet, um in ihrer Abfolge und Kombination eben auch eine Geschichte zu erzählen. Diese erzählte Geschichte kann folglich zwar nicht als klassischer Text gelesen werden, aber die Anordnung und die Bezüge der Objekte können logisch nachvollzogen werden, sodass sie Bedeutung erzeugen – also »gelesen«. → Das führt mich aus dem Buch heraus; ich möchte nochmal nachlesen zu »Kultur als Text«, »materielle Kultur« und »Erkenntnislogik«.

Wenn Sie problemorientiert arbeiten, können Sie auch ein Formular entwickeln, z. B. in folgender Form:

Vollständige Literaturangabe

Ausgangspunkt/Befund

Wie behandelt?

Welche Ergebnisse?

Bewertung

Ggf. Schlagworte

Eine dritte Variante wäre ein Strukturexzerpt, das die Ordnung des Textes sichtbar macht. Sie schreiben einen Gedanken auf, den Sie dem Text entnehmen. Der nächste Gedanke oder das nächste Faktum wird dem ersten zugeordnet und die Art der Beziehung ebenfalls verdeutlicht: Handelt es sich um eine Voraussetzung der ersten Aussage (hinführender Pfeil)? Ist er eine Folge (wegführender Pfeil)? Ist er ein neuer Gedanke (neuer Pfeil)? Auch hier notieren Sie die Fundstelle im Text, um aus Ihrem Exzerpt zitieren zu können.

Die Art, wie Sie das Exzerpt anfertigen, variiert. Auch hier sind Ihr Leseziel und die Funktion, die Sie dem Text zuordnen, entscheidend. Sie können das Exzerpt auch in Ihre Lesejournale einfügen und als Leseprotokoll führen. Wesentlich bleibt jedoch die Möglichkeit, aus dem Exzerpt unmittelbar zitieren bzw. mit den Notizen wissenschaftlich korrekt weiterarbeiten zu können. Sie finden wiederholt den Hinweis, Exzerpte auf Karteikarten (elektronisch oder auf Papier) anzulegen. Das legt nahe, dass der Umfang eines Exzerpts sehr begrenzt ist und Sie genau auswählen müssen, welchen Aspekt des Textes, welche Informationen Sie speichern und bereithalten wollen. Die Möglichkeit der digitalen Karteikarte bzw. des Exzerpierens in Word (o. ä.) lenkt davon mitunter ab, weil Sie so lange Dokumente erstellen können, wie Sie mögen. Es ist gar nicht so einfach, die Kernaussage des Textes, Zitate, Definitionen, Schlussfolgerungen, eigene Gedanken, Hinweise auf Material oder andere Texte so zu verknappen, dass Sie der Komplexität des Textes gerecht werden. Insofern ist es eine gute Übung, Exzerpte tatsächlich auf Karteikarten anzufertigen, um das Arbeiten mit dem begrenzten Raum zu üben. Eco unterscheidet die Exzerpt-Karteien in Lektüre-, Themen-, Autoren-, Zitate- und Arbeitskarteien.[60] Ähnlich wie beim Zettelkasten (oder bereits als Anlage eines Zettelkastens) kann es sich anbieten, mehrere Karten pro Text anzufertigen, wenn Sie nämlich mehr als einen Aspekt relevant finden und planen, den Text in unterschiedlichen Zusammenhängen zu nutzen.

Lese(un)lust und Lesekrise

»Lesekrise« ist kein Fachbegriff, sondern dient hier als Sammelbegriff zur Beschreibung des häufigen Phänomens der lähmenden und identitätserschütternden Leseunlust und Lesekrise bei Menschen, die ihrem Selbst- und Berufskonzept nach eigentlich Bücher und Texte lieben sollen und wollen. Diese Menschen kennen die zauberhaften Seiten des Lesens ebenso wie das berauschende Gefühl, Zusammenhänge zu entdecken oder endlich zu verstehen. In einer Lesekrise ist alles wie weggewischt. Sie kann sich ausdrücken im Sich-Herumwinden um Lesepflichten, im Ausweichen und Aufschieben des Lesens. Bücher, die zur Entspannung oder Unterhalten gedacht waren, werden matt und frustriert beiseitegelegt.

Doch was können Sie gegen Lesekrisen tun? Die Unlust, die aus der Pflichtlektüre herrührt, mag einerseits auf Überlastung zurückzuführen sein, kann aber auch ein Indiz dafür sein, dass eine Auseinandersetzung mit der Studien- oder Standortwahl sinnvoll wäre. Wenn diese Pflichtlektürekrise bei Menschen auftritt, die privates und berufliches Lesen nicht trennen, dann liegt in der bewussten Organisation von Arbeit und Freizeit vermutlich ein Teil der Lösung.

---

60 Eco 1991, S. 154.

Die Lesekrise kann einhergehen mit einer identitätsstiftenden Aufladung des Lesens. Selbst wenn GeisteswissenschaftlerInnen prinzipiell wissen, dass sich ihr Lesen in Beruf und Studium vom privaten und elementaren Lesen unterscheidet, so wird auch pragmatisches Lesen häufig nicht vom Genusslesen abgegrenzt.

Das Tückische beim Lesen in den Geisteswissenschaften ist, dass wir es mit unterschiedlichen Qualitäten von Leseprozessen zu tun haben. Wir lesen Texte und wir lesen über Texte. Da wir häufig buchaffin sind und das Buch zu unseren Statussymbolen gehört, haben wir eben auch häufig eine Affinität zur ästhetischen Qualität des Lesens. Wir richten uns gemütliche Leseplätze ein, haben vielleicht Rituale, freuen uns an bildlich eingefangenen und geteilten Lesestimmungen in den sozialen Medien. Es gibt zudem einen traditionsreichen schwärmerischen Diskurs über Lesekultur, der sich auch in der Abgrenzung von einer rationalen, technisch-effizienten Mentalität definiert – wie geschaffen für zwei Wissenschaftskulturen, von denen die Geisteswissenschaften die eine und die Naturwissenschaften die andere repräsentieren. Es gehört zu unserer Identität als GeisteswissenschaftlerInnen, das Buch und das Lesen zu preisen, es als subversiven Akt zu verstehen, der sich der Messbarkeit, Vergleichbarkeit, dem Nutzendenken entzieht. Es gibt großartige, inspirierende Bonmots über die Freude und das lustvolle Leiden am Lesen. Jüngst wurden Anthologien und AutorInnen-Statements über die Ästhetik des Lesens, seine Vielfalt, Wandlungskraft und kulturelle Ausformung veröffentlicht;[61] dieser ausgewählte Blick ignoriert natürlich die Mehrheit der täglichen Leseakte in ihrer funktionalen Flüchtigkeit und Pragmatik. Es lohnt sich, in ihnen zu stöbern, doch sollte nicht dazu verführen, einen Anspruch höchsten ästhetischen Vergnügens und kontemplativer Erbauung an die Erledigung profaner Aufgaben wie der Auswertung von wissenschaftlichen Aufsätzen für eigene Hausarbeiten zu stellen. Das Lesen ist also ein Bekenntnis der sozialen

---

61 Z. B. Boie 2020; Davis 2020; Ette 2020; Lovenberg 2018; Busch 2019.

Zugehörigkeit, diesen Mythos des verzaubernden, subversiven Lesens zu pflegen und zu kommunizieren.

Doch es erzeugt Druck, aus dem Bekenntnis und auch dem eigenen Wunsch zum ästhetischen, mythischen Lesen eine Lesehaltung für Studium und Beruf abzuleiten. Die überwiegende Mehrzahl der Texte, die Sie im Studium lesen, ist hinsichtlich der sprachlichen und rhetorischen Qualität nicht sonderlich reizvoll. Es ist ein pragmatischer Teil des Tätigkeitsprofils Ihres aktuellen Berufs. Wie auch in anderen Berufen lesen Sie überwiegend Texte mit fachlicher Ausrichtung: Fachtexte, Datensätze und Texte zur Materialbeschaffung, Texte zur Organisation und Verwaltung der beruflichen Tätigkeit, eigene unfertige Texte, Texte von KommilitonInnen, Teammitgliedern, DozentInnen und Vorgesetzten etc. Dieses Lesen ist anstrengende Arbeit und oft lästige Pflicht. Es erfordert ausreichend Zeit, Konzentration und Übung. Es fordert die Augen, die bald ermüden, und den ganzen Körper, der sich wehrt, so lange stillzusitzen. Es fordert die Aufmerksamkeit, die auf schnelle Wechsel, Audiovisualität, aktives Beitragen, Handlungsorientierung und Multitasking trainiert ist – diesen Reizen zu widerstehen kostet Energie. Darum ist es wichtig, diesem Lesen nicht mit den gleichen Gefühlen und Bewertungskriterien zu begegnen wie dem genussvollen Freizeit- oder dem geisteswissenschaftlichen Identitätslesen. Es hilft, zu definieren, vielleicht auch zu verbalisieren, wohin Ihr Lesen jeweils gehört. »Jetzt erledige ich meinen Job.« Oder: »Jetzt entspanne ich.« Beim »Jetzt erledige ich meinen Job«-Lesen dürfen (phasenweise) die gleiche Unlust und Antriebslosigkeit Platz haben wie bei allen anderen Arbeitspflichten auch. Wenn Unlust und Widerwille beim »Jetzt entspanne ich«-Lesen auftreten, dann darf dies als Hinweis betrachtet werden, dass das Lesen gerade nicht die richtige Handlung zur Entspannung ist und dass Ihnen etwas anderes wohltäte. Erweitern Sie also Ihr Entspannungsrepertoire.

Was hilft?

Anders als für die Schreibblockade gibt es keine didaktisch ausgefeilten Workshops, Schreibstunden, Fachbücher zur Lesekrise. Leseerfolge sind weniger messbar als Schreiberfolge; eine nicht geschriebene Abschlussarbeit erzeugt einen höheren Handlungsdruck als ein nicht gelesener Text. Die Komplexität des Lesens und auch die Menge der zu lesenden Texte hat infolge der Digitalisierung zugenommen. Oft ist es allerdings schwierig, sich selbst zu helfen, wenn die Leseblockade eintritt. Im Gegenteil: Häufig geht die Betroffene/der Betroffene sehr kritisch mit sich um und fragt sich, ob sie/er ein Motivationsproblem habe, Ausreden für »Disziplinlosigkeit« suche oder nur prokrastiniere.

Menschen, die sich in den Foren zu ihrer Leseunlust austauschten, berichteten von gescheiterten und gelungenen Versuchen, sich aus dieser Krise zu befreien und die Leselust zurückzugewinnen. Hier wurde in alle Richtungen experimentiert: Mit Hörbüchern und Text-to-Speech-Funktion, insbesondere bei leichter Bewegung wie beim Spaziergang konnte die Krise überwunden werden. Einem anderen Leser brachte ein radikaler Bruch mit dem liebsten Leseort und ein Verlegen der Pflichtlektüre in ein Schnellrestaurant Erleichterung und eine Vergewisserung von Privilegien und Status. Auch die Disziplin, eine längere Lesepause auszuhalten, wurde mit Erholung und Erfolg beim Wiedereinstieg belohnt - freilich nichts für Fünf-vor-Zwölf-Situationen. Fast alle Beitragenden berichten, dass ein Medien- oder Genrewechsel hilfreich war und dass sich dieser häufig auf Medien bezog, die unter bildungs- und buchaffinen Menschen eher für Naserümpfen sorgen: Comics oder Kinderbücher lesen, Kochbücher betrachten, Seelentröster-Literatur, »Bookporn« als ästhetischer Reiz auf Instagram. Erfolgreich waren auch die bewusste Einplanung von

Lesezeit, eine Reduktion des Lesepensums und ein gelassener Umgang mit der Blockade – irgendwann wird sie vorbeisein.[62]

> **Übung: Entstress' Dich**
>
> Die folgende Reflexionsübung habe ich in Veranstaltungen mit erfahrenen LeserInnen eingesetzt. Die Ergebnisse und Ideen zum Entstressen sammelten wir an einer Metaplanwand. In Einzelarbeit wurde aus den Beiträgen ein individueller Katalog möglicher Reaktionen auf Lesestress angelegt. Das Ziel besteht darin, das Lesen zu entstressen, die entspannende Qualität des Lesens in der Freizeit wiederzuerhalten und Lebensqualität zurückzugewinnen. Da Lesen oft als passive und unproduktive Tätigkeit eingestuft wird, wird ihm auch nur wenig »produktive« Zeit zugemessen, jedenfalls oft deutlich weniger, als man für gut oder angemessen befände. So wird Lesen zu Stress, denn es erfolgt unter Druck, und ist man fertig, wird dies kaum als Leistung wertgeschätzt. In Berufen, die aufgrund hoher persönlicher Neigung (und nicht pragmatischer Existenzsicherung) ergriffen wurden und im Studium kann das Stresslesen zu Verunsicherungen führen, da eine Neigung plötzlich oder schleichend zur Abneigung wird oder das Stresslesen im beruflichen Kontext das Neigungslesen im Privatleben beeinträchtigt – oder ersetzt, indem es in die Freizeit hineinragt.
>
> * Wie könnten Sie Ihr Lesen entstressen, wenn das Mittel der Wahl nicht im Austausch der Stressoren liegt (also z. B. dem Druck mit Schnelllesen begegnen)?

---

62 Folgende Threads wurden mitgelesen und ausgewertet (2018): http://www.bym.de/forum/lesen/443622-mehr-gerne-lesen.html; http://www.schreibwerkstatt.de/leseblockade-t23515.html; https://klassikerforum.de/index.php?topic=4676.0; http://literaturschock.de/literaturforum/index.php?topic=309.0; https://maz.blogger.de/stories/52272/. https://fraeuleinbriestbloggt.com/2016/11/29/leseblockade; http://forum.phantastatur.de/index.php?topic=809.0.

* Welche Herausforderungen kennen Sie aus anderen Lebenssituationen oder Aufgaben, die mit dem Stresslesen vergleichbar sind? Welche Lösungen haben Sie dort gefunden oder beobachtet? Was davon ist übertragbar?
* Welche körperliche Ebene hat Stresslesen? Wie können Sie sich und Ihren Körper entspannen?
* Welche Haltungsänderung könnte Ihr Stresslesen erleichtern – z. B. das bewusste Stehen, um wissenschaftliche Texte zu lesen, um besser auf Zeichen von Ermüdung zu achten?

Welche Veränderungen in den Rahmenbedingungen wären sinnvoll, um Stresslesen zu verringern?

Übung: Der Gewinn des Nichtlesens
Reflektieren Sie: Was gewinnen Sie, wenn Sie nicht lesen?[63]

»Erledigt« und »Erfolg«

Oft wird das Lesen als »leicht« empfunden, wenn es wenig Unterbrechungen gibt, keine schwer verständlichen Textstellen den Lesefluss stören und ein rascher Lesefortschritt beobachtet werden kann. Für mich war es eine interessante Beobachtung, dass Studierende ihre Leseaufgabe häufig dann als erfolgreich erledigt einschätzten, wenn sie den Text vollständig – also Wort für Wort – gelesen hatten und das Gefühl hatten, ihn verstanden zu haben. Erfolgskriterien beim studentischen Lesen sind **Vollständigkeit**, **Gründlichkeit** und **Textverständnis**. Die Verbesserung des Lesens bewegt sich entweder auf

---

63 Scherübl/Günther 2015.

der Zeitebene (schneller vollständig, gründlich und verstehend lesen können) oder auf der Verständnisebene (mehr verstehen).

Unser Bauchgefühl sagt häufig, der Text müsse »gründlich« gelesen werden. »Gründlich« bedeutet in Fortführung des elementaren Lesens Wort für Wort, im Nachvollzug jedes Satzes, jedes Gedankens, verstehend, bewertend, SQ3R für jeden Hausaufgabentext. Dies kann auch damit zu tun haben, dass Sie im Studium wenige Handreichungen vonseiten der Dozierenden haben, wann Ihre Leseaufgabe »erledigt« ist und wann Sie gut vorbereitet sind. Falls Sie von Ihren Dozierenden keine Auskunft zur Frage bekommen, wann eine Leseaufgabe »erledigt« ist, sind Sie selbst in der Rolle, zu definieren, was Sie vom Text und seiner Lektüre wollen – und an der Erfüllung dieses Willens können Sie erkennen, ob Sie erfolgreich gewesen sind. Tatsächlich ist diese Definition von »erfolgreich erledigt« ausgesprochen komplex, wenn ein Ergebnis nicht skalierbar ist und auch die Qualität schwer einzuschätzen – wenn Sie vielleicht nicht einmal objektiv wissen, ob Sie den Text in all seinen Deutungsmöglichkeiten und Kontexten richtig verstanden haben. Wie können Sie also die Qualität Ihrer Leseprozesse messen, woran erkennen, dass Sie Ihre Leseaufgabe erledigt haben und nun aufhören können?

Erfolg ist messbar

- in Seiten oder der Anzahl der gelesenen Texte,
- in Zeit,
- in Geschwindigkeit,
- in der Anzahl neuer Fakten, Wörter oder Verknüpfungen,
- in dem Erfolg Ihrer Beiträge auf der Grundlage des Gelesenen und der Anerkennung bzw. Zustimmung von Dozierenden und KommilitonInnen,
- in Noten nach der Wiedergabe des Gelesenen in Prüfungen,
- in der Verringerung der offenen Fragen bzw. im Wissenszuwachs im Rahmen eines selbstgesteuerten Leseprozesses,
- in der Erfüllung der Lese- und Lernziele,
- im klaren Formulieren von eigenen (konkreten, messbaren, erstrebenswerten, realistischen, zeitlich terminierten) Lesezielen,

ggf. im Rollentausch: Stellen Sie sich vor, Sie wären die Dozentin/ der Dozent, die/der das Seminar darum bittet, einen Text für die Diskussion der kommenden Woche vorzubereiten – wie würden Sie »erledigt« und »erfolgreich« beschreiben?,
- in der eigenen Handlungsfähigkeit oder Produktivität, im Transfer des Gelesenen auf andere Zusammenhänge,
- im erfolgreichen Erinnern des Textes einige Zeit nach der Lektüre,
- in der Motivation, mehr zu lesen, nochmals zu lesen, in zirkuläres Lesen einzutreten.

Lutz von Werder listet kognitive und emotionelle Beispiele für nicht erfolgreiches Lesen – diese habe ich auf der Grundlage seines Schemas in Erfolgskriterien übersetzt:[64]

Leseprozess	Kognitiv	Emotional
Lesevorbereitung	Bewusste Lesepraxis Einsatz einer Lesestrategie Erkennen der Textsorte	Ruhe und Zuversicht Klarheit, Zielstrebigkeit, Sinnhaftigkeit des Lesens Gefühl, angemessen gefordert zu sein, in angenehmer Spannung zu arbeiten
Lesedurchführung	Konzentriert Einsatz eines eindeutigen Markierungssystems Zusammenhänge des Textes werden deutlich Aktives Schließen von Wissenslücken aus der Erinnerung oder mittels Recherche	Aufmerksam, präsent, achtsam Fokussiert Aufnahmebereit Motiviert, weiterzulesen
Lesenachbereitung	Treffendes Paraphrasieren Prägnantes Exzerpt	Inspiriert, kreativ Zugehörigkeitsgefühl zur Studiengemeinschaft

---

64 Negativkriterien bei Werder 1994, S. 22.

Leseprozess	Kognitiv	Emotional
Lesenachbereitung	Klare Benennung von Lese- und Verständnisschwierigkeiten vollständige Zitate mit sinnvoller Einbettung Erkennen wichtiger Gliederungsaspekte Rekonstruktion der Argumentation	Überzeugung, das Richtige zu studieren Zuversicht, angemessene Anspannung vor Präsentationen und Prüfungen
Leseverwertung	Lesen ist ins Schreiben überführt. Sie können sicher, aufgaben- und zielgemäß aus Ihren Aufzeichnungen die passenden Stellen übernehmen. Reflexion des Prozesses beginnt.	Einstieg in vertiefende Lektüren oder zufriedenes Beenden des Projekts Lernbereite, neugierige Stimmung Zuverlässiges, sicheres Erinnerungsvermögen Erkennen von inhaltlichen Reflexionszusammenhängen zwischen den einzelnen für das Projekt gelesenen Texten Belohnung

Wenn Studierende (und auch ich selbst) benennen können, was ihre Verständnisprobleme sind, an welchen Stellen sie sich aus welchen Gründen schwertun und wir in eine gemeinsame klärenden Arbeit gehen, dominiert für viele Studierende das Gefühl, nicht verstanden zu haben und somit »gescheitert« zu sein. Doch diese Schwierigkeiten präzise benennen zu können, ist durchaus ein Fortschritt und Erfolg. Erfolgreich gelesen wird auch dann, wenn sich im Seminarverlauf ein Wissenszuwachs aus den Texten beobachten lässt, wenn sich (meist im zweiten Semesterteil) Verbindungen ergeben, Studierende es schaffen, die Perspektive zu wechseln und den einzelnen Text in einen größeren Zusammenhang einordnen können. Für solche »Erfolge« und Diskussionen ist natürlich erforderlich, dass der Text, an dem gearbeitet werden soll, vorbereitet wird.

Lesen, um zu verstehen

Sie treffen mit Ihrer Leseaufgabe auf einen Text, der sich als komplex und schwierig erweist. Die Gründe dafür können mannigfach sein: unbekanntes Thema, komplexer Satzbau, Verwendung ungeläufiger Wörter, Fremdsprache, Schriftbild, anspruchsvoller theoretischer Hintergrund, viele intertextuelle Bezüge (die das parallele Lesen von Sekundärliteratur erforderlich machen), unbekannter Entstehungskontext, fehlende Linearität (viele Anmerkungen, Hypertext, Grafiken) etc.

Komplexe Texte werden Sie vermutlich mehrfach lesen müssen, um sie zu verstehen. Die ersten Durchgänge dienen dazu, herauszufinden, was die Komplexität ausmacht. Möglicherweise müssen Sie dann Vorbereitungen für intensivere Leseeinheiten treffen: Literatur besorgen, Zeitleisten erstellen und bereitlegen, ein individuelles Glossar erstellen etc. Es kann auch hilfreich sein, ein Mindmap aus dem Text zu entwickeln, um die unterschiedlichen Inhalte, Argumentationslinien und Ebenen zu visualisieren. Anschließend können Sie entscheiden, in welcher Reihenfolge Sie den einzelnen Zweigen folgen werden, statt alle gleichzeitig erfassen zu wollen.

Wie können Sie feststellen, ob Sie den Text verstanden haben?

1) Können Sie benennen, was Thema, Inhalt und Intention des Textes sind?
2) Können Sie die Theorien, Argumentation etc. nachvollziehen? Wissen Sie, welche Theorien und Argumente genannt werden? Können Sie die Argumente in eigenen Stichpunkten auflisten und im Text belegen? Oder den Text in einer eigenen Form wiedergeben?
3) Haben Sie Bezüge, Traditionen, Diskurse, Fremdmaterial des Textes aufgespürt?

Die Diskussion eines Textes, der für die gesamte Lerngruppe »schwierig« ist, erfolgt anders als die argumentationsbezogene Diskussion. Hier kann es sinnvoll sein, zunächst die Schwierigkeiten zu benennen und vor die eigentliche Diskussion des Textes bewusst den Austausch über den Leseprozess bzw. die Ergebnissicherung zu legen. Auf dieser Grundlage können Sie in der Lerngruppe den Diskussionsablauf festlegen. Dann tragen Sie zu den einzelnen Schwierigkeiten Ihre Erkenntnisse, Zwischenergebnisse, offenen Fragen etc. bei, tauschen sich in der Lerngruppe darüber aus und vertiefen das Verstehen des Textes.[65] Mögliche Startfragen sind:

* Was kann mit … gemeint sein?
* Was bedeutet …?

> **Übung: Definition of Done**
> Woran werden Sie erkennen, dass Sie den Text wirklich gelesen haben?[66]
> Notieren Sie Ihre persönlichen Kriterien für erledigtes Lesen – und ggf. die Ihrer Dozierenden. Notieren Sie zudem Kriterien für erfolgreiches Lesen. Trennen sie kognitive von emotionalen Kriterien.

Gibt es auch schlechtes Lesen?

Natürlich. Wenn Sie so richtig schlecht lesen wollen, drehen Sie den Kriterienkatalog einfach um und machen Sie eine Negativliste daraus. Verzichten Sie auf das Formulieren von Lesezielen, lesen Sie einfach so rum, gern mit zunehmender Lustlosigkeit. Lesen Sie perfektionistisch und setzen Sie sich so richtig sinnlos unter Druck. Markieren Sie einfach alles. Lesen Sie während der einen Lehrveranstaltung für die andere. Lesen Sie, während Ihr Kind sein Seepferdchen macht. Gehen Sie unbedingt jeder Fußnote nach, besorgen Sie sich den Text und lesen Sie ihn von vorne nach hinten, und die aus den Fußnoten

---

65 Vgl. Kruse 2015, S. 22.
66 Vgl. Scherübl/Günther 2015.

der Texte auch und so weiter... oder lernen Sie die Texte direkt auswendig. Stellen Sie den Benachrichtigungston am Handy lauter. Wählen Sie nicht aus. Glauben Sie alles, was gedruckt ist. Fertigen Sie keine Notizen oder Exzerpte an. Werfen Sie die Texte nach der Lektüre weg. Oder schon vor der Lektüre, es gibt bestimmt einen TED-Talk dazu.

Übung: Schlechtes Lesen
Wenn Sie mit besten Vorsätzen in einen Leseprozess gestartet sind, aber bemerken, dass Sie »schlecht« lesen, halten Sie inne. An welcher Stelle haben Sie den Leseprozess verlassen? Haben sich äußere Bedingungen geändert? Sind Sie unkonzentriert, fahrig, unwillig und mit den Gedanken woanders? Oder ist der Text fehlerhaft, nicht rezeptionsorientiert, in verschlossener Sprache? Ergibt die Textauswahl der Dozentin/des Dozenten für Sie keinen Sinn? Gibt es keine Anknüpfungen oder Leseempfehlungen im Veranstaltungskontext? Fühlen Sie sich im Studium oder im Seminar unwohl?

Erlauben Sie sich, sich wiederholt auf das schlechte Lesen einzulassen, um herauszufinden, welche Faktoren Ihnen Leseenergie rauben.[67]

---

67 Vgl. Cameron 2003, S. 45.

4

Techniken und Methoden

Lesen, um sich mit einem Thema vertraut zu machen

Zu Beginn eines Projekts suchen Sie nach zitierfähigen Texten. Das Thema, das Sie bearbeiten werden, ist möglicherweise noch nicht eingegrenzt und existiert nur als Schlagwort, Arbeitstitel oder Thema der Seminarsitzung. Worum es genau geht, was genau Sie wissen wollen und brauchen, um ein gutes Ergebnis zu erzielen, ist zu diesem Zeitpunkt häufig noch unbekannt.

Darum zielt das erste Lesen darauf, das Thema so zu erschließen, dass Sie Arbeitsentscheidungen treffen können. Dazu gehört die Eingrenzung, die konkrete Hypothese oder Leitfrage, das methodische

Vorgehen und schließlich auch die Text- und Materialauswahl. Das Lesen in dieser Phase ist ein suchendes Lesen. Auf einer pragmatischen Ebene geht es darum, Texte für die spätere gründliche Lektüre zu identifizieren, die möglichst effizient zu bearbeiten sind. Darum lebt dieses erste Lesen von der Kombination aus der Literatursichtung und selektivem Lesen. Für die Literatursichtung nutzen Sie Suchsysteme und Recherchetools on- und offline einschließlich Inhaltsverzeichnis, beschreibender Texte zum Inhalt, Verschlagwortung, Volltextsuche, Handbuchartikel, Rezensionen, online-Dienste etc. Das selektive Lesen konzentriert sich in diesem Arbeitsschritt auf die Suche nach Forschungspositionen, -kontroversen, die Benennung von Forschungslücken, Ausblicken, Kritik, unbearbeiteten Fragen und Textkorpora, kurz: allen Hinweisen auf sinnvolle neue Fragen und Begrenzungen des Themas.

Kruse merkt an, dass es in diesem Arbeitsschritt wichtig sei, eine Strategie zu entwickeln, die einen kumulativen Wissensaufbau erlaubt. Darum sind auch die Dokumentation und Organisation des Gelesenen wichtig: um Plagiate zu vermeiden und um auf bereits erarbeitetes Wissen zuzugreifen.[68] Das Lesen ist nur der Anfang des Wegs, um sich in ein Thema einzuarbeiten.

Lesen, um auszuwählen

Sie können mit mindestens zwei Perspektiven an die Textauswahl gehen. Entweder verschaffen Sie sich einen Überblick, um dann auf dessen Grundlage zu entscheiden, welches Thema, welchen Autor etc. Sie bearbeiten wollen. Oder Sie wissen bereits, welche Informationen Sie benötigen, und müssen nun herausfinden, welche Texte und

---

68 Vgl. Kruse 2015, S. 22.

Textstellen sich am besten für Ihre Aufgabe, Frage und Ihren Informationsbedarf eignen.

Im zweiten Fall lesen Sie darum nicht die vollständigen Texte, sondern suchen nach Passagen, die Ihrem Zweck dienlich sind. Instrumente, die Ihnen bei der Auswahl helfen, sind z.B. das Inhaltsverzeichnis, das Register und Zwischenüberschriften. Bei digitalen Texten hilft die Arbeit mit Schlüsselbegriffen, für die die Volltext- und Schlagwortsuche genutzt werden kann, mitunter auch die Verschlagwortung in Katalogen oder die Klappentexte. Falls eine Rezension vorliegt, die mit einer Inhaltsangabe beginnt, ist auch diese für die Auswahl hilfreich – das gilt gleichfalls für den ersten Fall des selektiven Lesens, das noch der Themenwahl dient (▸ Schnelles Lesen).

Selektives Lesen ist nichtlinear und damit fehlt die Orientierung, die Ihnen ein Text gibt. Es erfordert aus diesem Grund oft eine hohe Konzentration und ist überraschend anstrengend. Hilfreich kann sein, wenn Sie das Leitmotiv Ihrer Suche oder die Leseaufgabe schriftlich oder visuell zusätzlich auf den Arbeitstisch legen. So kann es leichter fallen, sich zu fokussieren und sich nicht ablenken zu lassen. Weiterhin ist es sinnvoll, in einem assoziativen Verfahren wie einem Mindmap oder einer Wortwolke Schlagworte und Schlüsselbegriffe zu sammeln – für die Abfrage digitaler Texte durchaus auch in Flexion und/oder mit typischen Varianten der Schreibweise, z.B. der Berücksichtigung von Schreibkonventionen anderer Jahrhunderte, Dialekte, typischer »Rechtschreibfehler« oder veralteter Formen.

Das selektive Lesen setzt voraus, dass Sie mit Suchinstrumenten vertraut sind und aus den Ergebnissen von Recherche und Suche die Texte auswählen können, die im wissenschaftlichen Kontext verwertbar sind.[69] Das selektive Lesen setzt voraus, dass Sie bereits eine Frage haben oder auf der Suche danach sind, jedenfalls mit einer klaren Absicht an den Text herangehen. Im Zentrum Ihres Lesens

---

69 Franke/Kempe/Klein/Rumpf/Schüller-Zwierlein 2014.

steht nicht die offene Auseinandersetzung mit dem »Text an sich«, sondern eine zweckgerichtete Auswahl. Dieser Zweck kann selbstgewählt oder fremdvorgegeben sein, und er kann auch zunächst darin bestehen, eine Frage finden oder einen Überblick erhalten zu wollen.

Übung: Wir müssen reden

Für diese Übung brauchen Sie eine weitere Person. Erzählen Sie ihr von Ihrer Leseaufgabe oder Ihrem Projekt. Bitten Sie sie, auf folgende Brüche zu achten: Wo stocken Sie, wann fließt Ihr Sprechen? Wann verändern Sie die Perspektive, etwa aus der Wiedergabe in die Deutung oder in die freie Assoziation? Falls Sie mögen, bitten Sie die andere Person, im Anschluss nachzufragen und Feedback zu geben. Dann gilt die Regel: nicht sofort in die Rechtfertigung oder Abwehrhaltung zurückfallen. Falls Sie sich ärgern, nehmen Sie die Kritik als Hinweis. Ersetzen Sie Ihren Ärger mit dem Willen, den Sachverhalt zu klären und erklären. Halten Sie Hinweise, Ideen, Fragen Ihres Gegenübers schriftlich fest.

Beobachten Sie sich selbst: Wann ergänzen Sie Lücken aus dem Kopf? Tun Sie dies mit Assoziation/Fantasie oder auf der Grundlage von Vorwissen? Falls Fantasie oder Assoziation ins Spiel kommen, ersetzen Sie sie mit einer Frage.

Haben Sie ein wissenschaftliches Vorbild? Wie würde es an Ihre Aufgabe herangehen? Haben Sie Ideen, wie man den Text oder die beschriebenen Inhalte weiterentwickeln könnte?

Lesen, um zu lernen

»Lesen«, »studieren« und »lernen« habe ich als Synonyme in Erinnerung. Diese Wörter können die gleiche Handlung bezeichnen: Ich imaginiere mich an einem Tisch, lese einen Text und versuche, von außen nicht sichtbar, etwas aus diesem Text in mein Gedächtnis zu speichern, oder, von außen schon eher sichtbar, Aussagen des Textes in einen Zettelkasten zu übernehmen, meine Notizen, eine Präsentation, einen unfertigen eigenen Text anzureichern. Dieses Lesen dient dem Verstehen von Inhalten, dem Einprägen von Fakten, von Zusammenhängen, von Positionen, von Arbeitsweisen oder von im Text geschilderten Erkenntnisprozessen. Zu einem späteren Zeitpunkt soll das Eingeprägte in eigenen Worten wiedergegeben werden, um z.B. in einer mündlichen Prüfung die Ergebnisse von AutorIn A mit denen von AutorIn B zu vergleichen oder in der Einleitung der Hausarbeit den Forschungsstand zu beschreiben. Das Ziel der Auseinandersetzung mit Texten besteht darin, tiefe und sichere Textkenntnis zu haben, sodass Sie sich sicher fühlen können, wenn Sie mit diesem Text zu eigenen Zwecken und Fragen weiterarbeiten wollen. Eine Technik, die hier empfohlen wird, ist SQ3R mit ihren Varianten (▶ Langsames Lesen). In dieser Technik kombinieren Sie mehrere Leseschritte in unterschiedlicher Nähe und Distanz zum Text und mit der Möglichkeit, einzelne Schritte für unterschiedliche Ebenen oder Perspektiven auf den Text einzubauen. Eine andere Möglichkeit besteht darin, den Text in einzelne Wissenseinheiten zu zerlegen, diese zu notieren bzw. in ein Notizsystem zu übertragen (z.B. [digitale] Karteikarten), dann zu memorieren und mittels Abfragen zu festigen (Apps: Karteikastentrainer +, Flashcards Deluxe, Buffl).

Lesen, um zu analysieren

Die Analyse eines Textes geht mindestens zweischrittig vor, wobei Sie je nach Text und eigener Erfahrung diese Schritte auch parallel oder integrativ ausführen können. Der Text soll verstanden, untersucht und auf dieser Grundlage angemessen bewertet werden. Grundlage für das analytische Lesen ist eine Fragestellung oder ein Ziel der Analyse, z.B.:

- Wie erzeugt die Autorin Spannung, wie führt sie im wissenschaftlichen Text Ihre Aufmerksamkeit?
- Welche Textgattung liegt vor?
- Wie argumentiert der Autor auf der Grundlage der von ihm ausgewählten Fakten?
- Wie spiegelt sich der Entstehungskontext im Text, welche äußeren Einflüsse lassen sich nachweisen?
- Welchen Beitrag leistet der Text zu Debatte/Thema/Forschungsgebiet XY?

Dann folgen die Arbeitsschritte:

1) *Überblick, um auszuwählen (selektives Lesen):*
   Hat der Text Abschnitte oder Elemente, die Ihnen helfen, Ihre Frage zu bearbeiten? Oder gehört der Text zum übergeordneten Thema Ihrer Fragestellung? Falls beides nicht zutrifft, wird der Text nicht analytisch gelesen – oder die Frage so modifiziert, dass der Text Antworten geben kann.
2) *Grundlegende Fragen zum Text stellen, Fragestellung präzisieren, Erkenntnisinteresse in argumentative oder thematische Abschnitte aufteilen:*
   Wovon handelt der Text, wie stehen Haupt- und Nebenaspekte zueinander und woran machen Sie das fest? Welche Grundfragen behandelt der Text, wie beantwortet die Autorin sie, etc.?
3) *Zentrale Aussagen und Textstruktur:*
   Nun steigen Sie in den Text ein. Im kursorischen Lesen suchen Sie nach zentralen Passagen, die Ihre Fragen beantworten etc. Sie markieren, was für Sie unter der leitenden Fragestellung wichtig ist. Dieser Arbeitsschritt ist abgeschlossen, wenn Sie wissen, vielleicht sogar notiert oder skizziert haben, wie der Text aufgebaut ist, wie der Autor das jeweilige Thema darlegt und welche Schlussfolgerungen er zieht. Hat der Text eine innere Logik? Sie haben hier die Antworten auf die Frage nach dem WIE? des Textes.
4) *Interpretation:*
   Sie fragen nach Gründen, Bedeutungen, Argumentation, Absichten von Text und AutorIn. Dies erfolgt sowohl bei der Lektüre

literarischer als auch wissenschaftlicher Texte, jedoch vielleicht mit unterschiedlichem Zweck: Für literarische Texte legen Sie weitere Bedeutungsebenen frei, für wissenschaftliche Texte fällt die Bewertung klarer aus und Sie können über die Nutzung des Gelesenen für eigene Texte besser entscheiden. Welche Wörter sind Schlüsselwörter und welche Bedeutung haben sie? Welche sprachlichen Mittel findet die Autorin, um abstrakte Gedanken und nichtsprachliche Wahrnehmungen auszudrücken? Wie verläuft die Argumentation, welche (wissenschaftliche oder rhetorische) Methode wurde eingesetzt? Zu welchem Ergebnis kommt die Autorin?

5) *Beurteilung:*

Es geht nicht um ein Geschmacksurteil. Zwar wissen wir, dass auch WissenschaftlerInnen in ihrer analytischen Bewertung eines Textes nicht frei sind von Gefallen und Sympathie, doch die Wissenschaftsethik strebt Objektivität an. Ihr Urteil sollte also nicht lauten: »Gefällt mir«, »gerne wieder, weiter so«, »gut geschrieben« oder »langweilig«. Ihre Bewertung stützt sich auf Argumente und ist auf Ihr Erkenntnisinteresse bezogen, im einfachsten Fall also: Der Text ist gelungen/überzeugend, weil/denn... Grund 1, 2, 3.

Die Antworten auf die oben beispielhaft angeführten Fragen könnten lauten:

1) Die Autorin erzeugt in ihrem literarischen Werk Spannung, indem sie den Charakteren innere Konflikte zuschreibt. Das funktioniert im Fall von Figur A überzeugend (Beleg 1, Beleg 2, Beleg 3). Bei Figur E hingegen unterlaufen ihr logische Fehler (Beleg 4, Beleg 5). Figur F wird nur kurz eingeführt und nicht weiter beschrieben; der innere Konflikt wird zwar benannt, jedoch nicht zum Leben erweckt (Beleg 6). Insofern wird deutlich, dass sie diese Art der Spannungserzeugung grundsätzlich beherrscht. Sie hält ihre Idee jedoch nicht durch.

2) Der Autor argumentiert unter Auslassung bekannter Fakten, weil er eine politische Absicht verfolgt. Das wird zum einen aus dem Veröffentlichungskontext deutlich: Der Text ist erstmals im

Newsletter der Partei XY erschienen. Zum anderen benutzt der Autor einen Wortschatz, der nationalistisch-völkisch aufgeladen ist (Beleg 1, Beleg 2). Insofern ist der Text nicht als neutraler Beitrag zur Sachdebatte zu behandeln. Die aufgeführten Fakten sind inhaltlich korrekt. Ihr Argumentationszusammenhang und ihre unausgewogene Auswahl lassen jedoch kein vollständiges Bild entstehen, auf dessen Grundlage LeserInnen ein eigenes Urteil treffen könnten. Insofern dient der Text nicht dazu, wie vom Autor eingangs behauptet (Beleg 3), LeserInnen auf der Grundlage von Expertenwissen über Sachverhalte zu informieren, sondern vielmehr dazu, nationalistisch-völkische Haltungen zu legitimieren.

Das **kritische Lesen** als Variante des analytischen Lesens kennt unterschiedliche Traditionen, Nutzungszusammenhänge und Diskurse. Einige von ihnen führen in die Wissenssoziologie, andere in die Psychoanalyse. Das kritische Lesen bedeutet, dass auch wissenschaftliche Texte in Bezug auf ihren historischen, kulturellen und sozialen Kontext hin gelesen und kritisch hinterfragt werden. Das wiederum setzt voraus, dass Sie als LeserIn Vorwissen, Erfahrung und ein entsprechendes Methodenrepertoire haben.

Zu Beginn des Studiums ist dies häufig noch nicht der Fall und wird in der Regel auch nicht erwartet. Es kann als ein Lernziel im Seminarprozess definiert sein, das Vorwissen, die Texterfahrung und das Methodenrepertoire aufzubauen, um im späteren Verlauf des Seminars Texte in diesem Sinne »kritisch« zu lesen, wohingegen der Lesezweck in vorangegangenen Sitzungen eher auf Verstehen, Wissensaufbau und Analyse zielte. In Hauptseminaren lesen Sie schließlich möglicherweise in »hermeneutischen Zirkeln«, wechseln also immer wieder die Richtung zwischen induktivem und deduktivem Arbeiten.

Wenn Sie Texte kritisch lesen möchten, begeben Sie sich wie gewohnt in einen dreischrittigen Prozess aus Vorbereitung, Lesen und Nachbereitung. Zur Vorbereitung gehört in diesem Fall, Ihre Prämissen an ein kritisches Textverständnis festzulegen. Aus welcher Perspektive möchten Sie den Text kritisieren? Z.B. könnten Sie –

neben den oben aufgeführten Traditionen – einen Text hinsichtlich seiner historischen Dimensionen und Bedeutungen kritisieren. In den vergangenen Jahren gab es immer wieder Debatten zur »richtigen«, »angemessenen«, »gerechten« Lesart von Texten, in denen diskriminierende Haltungen oder Worte verwendet wurden. Anschließend stellte sich die Frage nach einem angemessenen Umgang damit: Sollte man das Wort »Negerkönig« in Pippi Langstrumpf in aktuellen Ausgaben mit einem sensibleren Wort ersetzen? Und falls Sie sich für »ja« entscheiden – gilt dies auch für den Begriff »Neger« bei Kant? Was ist eine angemessene Lektüre von Texten, die vor 1933 entstanden und antijüdische bzw. antisemitische Mindsets zeigen? Wie sind diese Mindsets zu erklären und in der Folge zu kritisieren bzw. zu bewerten? In der Lesevorbereitung legen Sie also fest, unter welcher Prämisse Sie den Text kritisieren. Während des Lesens durchsuchen Sie den Text nach Aussagen, rhetorischen Mitteln, Nach- und Querverweisen, die Ihnen als Material dienen, um Ihre Prämisse zu bestätigen, zu widerlegen oder zu modifizieren. Sie benötigen hierfür Kontextwissen, und es ist hilfreich, Recherchemittel und Überblickswerke zur Autorin und ihrer Zeit zur Hand zu haben. Sie achten beim Lesen darauf, ob beschreibende mit wertenden Aussagen verknüpft werden, wie Argumentation und Appell sich aufeinander beziehen. Bei dem angeführten Beispiel ist auch ein vergleichendes Lesen hilfreich: Wie äußerten sich Zeitgenossen der Autorin zu der Thematik oder zu bestimmten Gruppen? Hatte die Autorin eine individuelle Position oder nutzte sie kollektive Bilder und Gemeinplätze? Wie ist diese Wahl zu begründen? Stellte sie diese Bilder und Gemeinplätze mit ihren Werken vielleicht auch erst her bzw. leisteten jene programmatische Beiträge? Was wissen Sie über die Begriffsgeschichte des Wortes »Neger« und wie sind fremdsprachiges Original und deutsche Übersetzung vor dem Hintergrund dieser Begriffsgeschichte zu bewerten?

Übung: Historischer Kontext von Publikation und Rezeption

Historische Faktoren	Spuren im Text
Historischer Kontext der Textentstehung: Wann, wo, welcher Anlass, welcher Zweck?	
Historischer Kontext und biografische Aspekte des Autors: Lebenszeit mit einflussreichen Ereignissen und Strukturen, Herkunft, biografische Krisen, regionale Prägung, Erfolge, Beziehungen, Mitgliedschaften, Beruf ...	

Während der Nachbereitung sammeln Sie Ihre Leseerkenntnisse. Sie können nun Ihre Ergebnisse mit allgemeinen historischen oder wortgeschichtlichen Strukturen abgleichen und zu einem Statement kommen. Sie können darüber hinaus freie Beobachtungen und Einfälle sammeln und mit verschiedenen Methoden systematisieren, um zu neuen und intensiveren Arbeitsschritten überzugehen.[70] Was spricht für eine historische Bedingtheit von antijüdischen Äußerungen? Inwieweit verwendet Lindgren das Wort »Neger« als Angehörige ihrer Zeit, Nation oder ihres Geschlechts – und wie ist das zu deuten und zu bewerten? Was spricht für/gegen einen individuellen Gebrauch?

Kritisches Lesen scheint oft als Selbstverständlichkeit. Die Schwierigkeiten zeigen sich in der Praxis: im Finden einer passenden Prämisse, vor allem aber in der Übung und Bereitschaft, Textdistanz einzunehmen und dem Text – gerade auch Sachtexten, denen Sie

---

70 Werder 1994, S. 80–81.

Informationen entnehmen wollen oder die Ihnen Orientierungswissen geben sollen – zuzugestehen, voller Fehler, unvollständig, regelwidrig, gescheitert, voll unbewusster Vorannahmen, manipulativ zu sein. Zweifelnd zu lesen ist häufig keine gepflegte Rezeptionsweise; sie ist unbequem und stockend. Sie kann zum Ergebnis haben, dass Sie mit dem Text nicht weiterarbeiten können und damit ein Lern- und Forschungsprozess abbricht.

Methode: Sokratisches Lesen

Sie stellen elementare Fragen zum Text, etwa die 6 W-Fragen: Wer? Was? Wo? Wann? Wie? Warum? Diese Fragen können sich sowohl auf die äußeren Aspekte als auch auf den Inhalt des Textes beziehen. Beantworten Sie die Fragen zunächst nach dem Textäußeren. Lesen Sie den Text, um fehlende Antworten zu finden.

Diese Technik mutet zunächst simpel an; die Antworten auf die W-Fragen helfen Ihnen zudem vielleicht nicht weiter bei der Bearbeitung Ihrer Aufgaben oder Ihrer individuellen Fragen an den Text. Dennoch ist es eine kreative Methode, die Ihnen im Umgang mit wissenschaftlichen Texten weiterhilft. Sokrates geht davon aus, dass das übliche Wissen nur aus Konventionen besteht, die hinterfragt werden müssen, bis sich die Wahrheit zeigt. Der wissenschaftliche Text besteht ebenso aus Konventionen: Sie müssen ihn demnach solange befragen, bis er für Sie eine eigene Wahrheit offenbart. Jede Definition, jede Hypothese, jeder Beweis wird darum hinterfragt, bis alle konkreten Textaussagen, die Ihnen vielleicht vollkommen selbstverständlich erscheinen, sich in neue Einsichten verwandeln.[71]

Die Fragen können die Lesephasen variierend begleiten:

---

71 Vgl. Werder 1994, S. 60 f., 114.

Lesephase	Fragetyp
Vorbereitung	Startfragen
Lesen	Begleitfragen
Nachbereitung	Nachfragen

Startfragen können den Titel eines Textes nutzen und ihn zu Fragen umformulieren, z. B.

* Was heißt »Archäologie des Wissens«?
* Wie kann man Wissen archäologisch bearbeiten?
* Wer hat dieses Wissen, wer ist die Archäologin/der Archäologe?
* Warum hat Foucault dieses Buch geschrieben?
* Ist der Titel eine wörtliche Übersetzung oder lautet er im Original anders? Warum?

Die Begleitfragen können den ersten und letzten Satz jedes Abschnittes und/oder Schlüsselsätze des Textes in Fragen verwandeln.

Nachfragen können Testfragen sein, die die sechs Ws nutzen, um zu überprüfen, ob Sie den Text verstanden haben, ob Sie etwas falsch verstanden oder der Autor etwas fehlerhaft dargestellt hat und welche offenen Probleme und Fragen es gibt.[72]

Methode: Rhetorisches Lesen und wissenschaftliches Personal

»Augustinus forderte einen Leselehrer, der ›seine Schüler dazu anleitet, mit Hilfe rhetorischer Regeln das Verborgene zu enthüllen und auf dem rhetorisch aufgezeigten Weg zur Wahrheit zu gelangen‹.«[73]

---

72 Werder 1994, S. 62, mit Verweis auf Horster 1986, Hadot 1991, Lehmann 1993, S. 6–13.
73 Werder 1994, S. 66, Verweis auf Göttert, u. a. 1991, S. 30.

In diesem Zitat steht das Leseziel für die Anwendung dieser Technik: Verborgenes enthüllen, dem Verstehen näher kommen. Dieses Schreib- und Leseverständnis geht davon aus, dass es tatsächlich eine oder mehrere Wahrheiten des Textes gibt, dass also die Deutung, Bedeutung und Entschlüsselung nicht »relativ«, abhängig von der Leseposition, dem Lesekontext etc. sind. Es gibt demnach »richtiges« und »falsches« Entschlüsseln; der Autor lenkt und determiniert mit seinem Einsatz rhetorischer Mittel die LeserInnen. Es handelt sich also um ein schöpferisches Lesen, nicht um Auswahl, Informationssammlung, Handlungsorientierung. Der Text wird gemäß der Idee der antiken Rhetorik mit Urbildern (*topoi*), Denkbildern (Metaphern) und Gemeinplätzen (*loci communi*) gesteuert. Lesen und Verstehen zielen darauf, Urbilder, Denkbilder und Gemeinplätze im Text zu finden und ihnen Bedeutung zuzuweisen. Dabei ist nicht immer und unbedingt das Ziel, einen verborgenen Sinn hinter den Worten zu finden; viele Texte arbeiten nicht doppelbödig oder bergen Geheimnisse. Vielmehr geht es darum, zu verstehen und zu enthüllen, welche Bilder das »Spiel der Worte« an der Textoberfläche bestimmen.[74]

Darum ist ein erster Arbeitsschritt im rhetorischen Lesen, Urbilder, Denkbilder und Gemeinplätze zu identifizieren, zu benennen und ihr Zusammenspiel zu beschreiben. Im zweiten Schritt können Sie den Text nach Kategorien durchsuchen und die entsprechenden Einheiten beschreiben:

- *Sachkategorien:*
  Welche Sachverhalte werden beschrieben? Wie wird mit ihnen umgegangen?
- *Gliederungskategorien:*
  Wie ist der Text aufgebaut? Welche Bezüge haben die einzelnen Textteile zueinander?

---

74 de Man 1988.

- *Personalkategorien:*
  Wie werden Personen beschrieben? Welche Funktion haben Personen im Text? – Diese Frage ist bei wissenschaftlichen Texten meist unüblich, aber bei dieser Methode relevant. Sie können darauf achten, wie Personen im wissenschaftlichen Text dargestellt werden. Handeln sie oder werden sie beschrieben? Welche (Macht-)Beziehungen haben sie untereinander? Wie ausgewählt sind die Personen z. B. hinsichtlich der Kategorien *race, class* und *gender*? Auch der strukturierte Blick auf den Autor/die Autorin als Person kann erkenntnisleitend sein, etwa hinsichtlich der Lebensdaten und Sozialisation, der fachlichen Schwerpunkte und der Position des Textes, den Sie lesen, im Gesamtwerk der Autorin. Diese Kategorien können Ihnen bei der Arbeit sowohl mit wissenschaftlichen als auch mit fiktionalen Texten helfen. Die Suche nach Personen im wissenschaftlichen Text mag zunächst ungewohnt sein, aber natürlich hat die Wissenschaft auch ihr Personal, und ein Kommunikationsraum dieses Personals ist der wissenschaftliche Text. Sie können Profile anlegen:

Übung: AutorInnenprofil

Name
Berufliche Position
Aktueller Ort
Geburtsjahr und -ort, ggf. Sterbejahr und -ort
Wissenschaftliche und gesellschaftliche Leistungen
Fachliche Schwerpunkte/Expertise
Wichtige Veröffentlichungen

> Verbindung zu anderen Wissenschaft-
> lerInnen
>
> Anekdoten, persönliche Erinnerungen
>
> ...

Nicht immer werden sich diese Punkte aus dem zu bearbeitenden Text beantworten lassen; Websites mit Lebenslauf, Einträge in Online-Enzyklopädien, Profilseiten in professionellen sozialen Netzwerken, das jährlich veröffentlichte »Hochschullehrerverzeichnis« oder Kürschners deutscher Gelehrten-Kalender können Ihnen helfen, das Profil und Ihr Wissen über die Person zu vervollständigen.

Bei fiktionalen Figuren bilden Sie andere Schwerpunkte.

Übung: Figurenprofil bei fiktionalen Texten

Name
Äußere Beschreibung im Text (Alter, Geschlecht, Aussehen, körperliche Merkmale)
Persönlichkeit, Eigenschaften, Charakter, Motivation, emotionales Profil
Sprechweise, Handlungsweisen
Biografie/Schicksal
Funktion im Text
Historischer Kontext
Beziehungen zu anderen Figuren

Bei historischen Personen können Sie diese Listen erneut variieren; Sie können berücksichtigen, dass es einen Unterschied zwischen der Person und ihrer Überlieferung gibt. Ein bekanntes Beispiel ist der Umgang mit Richard III. von England, dessen Fortleben als »Schurke auf dem Thron« wissenschaftliche Fragen und Abhandlungen motiviert. Dieser Unterschied kann von Überlieferungslücken herrühren, aber auch von bestimmten politischen, literarischen oder textstrategischen Motiven – die Motivation des jeweiligen Autors herauszufinden wäre eine geeignete Forschungsaufgabe.

Übung: Historische Personen

Name
Historisch gesichertes Wissen (Geburtsjahr und -ort, Familie, Ehe, Nachkommen, Ämter und Funktionen, Werke ...)
Historisch belegte Taten
Historischer Kontext
Überlieferungen, Quellen
Rezeptionsgeschichte

Suchkategorien für Sachverhalte – z.B. Ereignisse, Strukturen, Werke – können folgendermaßen begleitet werden.[75]

---

75 Inspiriert von Werder 1994, S. 70, mit Verweis auf Ueding 1985, S. 46–55.

Übung: Sachverhalte

Thema
Zeitliche und räumliche Einordnung
Ablauf
Ursache
Definition(en)
Äußerungen, Manifestationen, erkennbar an ...
Historische, soziale etc. Bedingtheit
Parallelen zu anderen Ereignissen
Beschreibung
Grundannahmen
Medialer Niederschlag/Rezeption
Disziplinäre und interdisziplinäre Aspekte
Weitere Werke zum Thema

Die zweite Suchvariante widmet sich der Gliederung des Textes. Hierzu ist es erforderlich, dass Sie wissen, wie Texte gegliedert sein können, welchen Regeln Texte also gemäß ihrer Gattung und gemäß der zur Zeit des Schreibens bzw. Publizierens geltenden Konventionen folgten. Eine einfache Gliederung ist die Aufteilung des Textes in Einleitung, Hauptteil und Schluss. Für Sie wird es noch einfacher, wenn die Textteile entsprechend in Inhaltsverzeichnissen und Überschriften gekennzeichnet sind. Hauptteile werden häufig weiter strukturiert; bei großen Arbeiten und langen Texten gibt es auch Binnengliederungen von Einleitung und Schluss.

In Ihren Einführungsveranstaltungen lernen Sie textsortenspezifische weitere Gliederungsarten kennen. Die **Einleitung** kann neben der Erläuterung des Themas und der Fragestellung, der Darstellung des Materials und des Forschungsstands, der Wahl der Methode(n), der Ankündigung des Aufbaus des Textes wichtige Hinweise geben, die Einfluss auf Ihr Lesen haben sollten.

Stellt die Einleitung heraus, dass es sich bei dem Text um einen Vergleich handelt? Dann notieren Sie die einzelnen *comparata* (zu vergleichenden Einheiten), folgen Sie den einzelnen vergleichenden Schritten, prüfen Sie, ob das Ergebnis in der Zusammenführung stimmt und ob ein Erkenntnisgewinn vorliegt.

Handelt es sich um eine erstmalige Analyse eines Sachverhaltes? Dann erschließt Ihnen der Text neues Material, und es geht darum, dies aufzunehmen und in Ihr Vorwissen einzuordnen.

Handelt es sich um eine Kritik? Dann prüfen Sie die Belegstrategien und Nachvollziehbarkeit, um zu einer eigenständigen Beurteilung zu kommen.

Handelt es sich um einen methodisch, theoretisch oder unter Einbezug erstmals zugänglichen Materials neuen Blick auf bestimmte Sachverhalte? Werden eine Forschungslücke, ein Defizit oder ein Desiderat geschlossen? Dann klären Sie, mit welchem Vorwissen Sie an den Text gehen, und prüfen Sie nach der Lektüre, welche Veränderung sich für Sie ergeben hat.

Der Hauptteil kann nach unterschiedlichen Ordnungsstrategien geordnet sein, was Sie beim Lesen herausfinden und nachvollziehen können:

Strategie	Suchkriterien
Vom Allgemeinen zum Einzelfall/Besonderen/Konkreten (deduktiv)	Sie suchen nach der Beschreibung des »Allgemeinen«, das den Text determiniert. Dann ordnen Sie diesem alle Einzelfälle zu.

Strategie	Suchkriterien
Vom Einzelfall/ Besonderen/ Konkreten zum Allgemeinen (induktiv)	In der Regel gibt es mehrere Einzelfälle, die analysiert werden und deren Zusammenschau eine neue Regel, ein neues allgemeines Ergebnis oder eine Zuordnung zu einem bestehenden ergibt. Sie identifizieren diese Einzelfälle im Text sowie das allgemeine Ergebnis als Leistung des Textes. Sie achten beim Lesen auf die Kriterien, die die Überführung der Einzelfälle in ein übergeordnetes, allgemeines, theoretisches Ergebnis begründen.
Nach Gefühl von Wichtigkeit oder emotionaler Betroffenheit	Sie lesen den Text hinsichtlich emotionaler Steigerungen oder Abschwächungen. Achten Sie gerade auch in vermeintlich objektiven, wissenschaftlichen Texten darauf, wo und wie Gefühle im Text wirken, etwa in der Auswahl von wertenden Substantiven und Adjektiven, in der Zuschreibung von aktivem Handeln, welche emotionale Strategie zum Einsatz kommt (z. B. Identifikation, Wut, Ohnmacht, Scham...) und wie nah oder distanziert die LeserInnen zum Thema geführt werden.
Chronologisch	Legen Sie einen vorwärts oder rückwärts laufenden Zeitstrahl an und ordnen Sie Textstellen zu.
Ursachen und Wirkungen	Lesen Sie den Text im Hinblick auf Ursachen und Wirkungen. Welche Ursachen finden Sie? Welche Wirkungen werden beschrieben? Wie werden Wirkungen auf Ursachen bezogen?
Gleichheiten und Unterschiede	Ordnen Sie nach Gleichheiten und Unterschieden.
Wechsel, Wandel und Transformationen	Suchen Sie nach Hinweisen und expliziten Beschreibungen von Wandel, Wechsel und Veränderungen. Finden Sie eine eigene angemessene Darstellung dafür (Skizze, Verlauf o. ä.).
Ganzes und Teile	Identifizieren Sie die Teile, beschreiben Sie das Ganze, erkennen und beschreiben Sie die Beziehungen zwischen dem Ganzem und seinen Teilen.
Systematisch	Ordnen Sie den Text nach logischen Prinzipien.

Auch den **Schluss** können Sie detailliert betrachten: Gibt es überhaupt eine abschließende Aussage – ein Fazit, eine Meinung, ein Ergebnis oder eine neue Frage? Kommentiert die Autorin ihren Hauptteil, ihr Vorgehen, ihre Befunde? Welche Argumente für die eigene Forschungsposition oder Meinung werden angeführt? Wie geht der Autor im Fazit mit Gegenstimmen und anderen Positionen oder Meinungen um? Gibt es überhaupt ein Ergebnis? Bleibt der Text emotional neutral oder arbeitet der Autor auch im wissenschaftlichen Text mit rhetorischen Mitteln zur emotionalen Beeinflussung (z. B. von Schuld, Humor, Angst, Zugehörigkeit etc.)? Werden LeserInnen eingebunden? Notieren Sie schließlich die rhetorischen Muster, die den gesamten Text durchziehen, verbinden und prägen.[76]

Methode: Kreatives Lesen

Kreatives Lesen setzt voraus, dass Sie eine grundsätzlich aktive Lesehaltung pflegen, also fragend, forschend, neugierig und kritisch an den Text sowie die Leseaufgabe herangehen.

Brainstorming und Freewriting können auf das Thema oder auf den Autor vorbereiten. Auf diese Weise können Sie sowohl Ihr Vorwissen aktivieren als sich auch Ihrer aktuellen Lesehaltung und Deutungsmuster vergewissern – und diese evtl. sogar anpassen. Sie können mit dem Titel des Textes arbeiten: Wenn es kein allzu langer Titel ist, assoziieren Sie zu jedem Buchstaben einen Begriff, der mit dem Inhalt, den AutorInnen, dem Seminar, der Lerngruppe etc. verbunden ist, z. B.

L – Leistung
E – Erwartung
S – Speed Reading
E – Entspannung
N – Nicht mehr als nötig.

---

76 Werder 1994, S. 76.

Eine weitere Möglichkeit ist die Assoziation anderer Texte zu diesem Titel: Welche anderen Texte haben Sie schon gelesen, die in Zusammenhang mit diesem Text stehen? Erstellen Sie eine Liste. Nehmen Sie Distanz zu dieser Liste ein und suchen Sie nach Schwerpunkten oder Mustern, die Ihnen etwas über Ihre Erwartungen an den Text und über Ihre Deutungsmuster sagen.

Sie können auch über den Titel meditieren, ihn visualisieren, ihn mit anderen Medien verknüpfen, um herauszufinden, von welchem Punkt aus Sie sich ihm nähern. Im Geschichtsstudium etwa habe ich wiederholt erlebt, dass hochmotivierte StudentInnen Fehldeutungen von Texten vorlegten; ihre Deutungsmuster schienen aus historischen Romanen oder Spielen zu stammen, aus denen sich auch ihre Motivation und emotionale Einbindung ableitete. Die Aufgabe als Lernbegleiterin war darum, zu helfen, die Grenze zwischen Wissenschaft und Fiktion zu erkennen, sich der eigenen Position als wissenschaftlicher Leser zu vergewissern und die Motivation aus der Freizeit in wissenschaftliche Motivation überführen zu können.

Kreative Nachbereitung

Sie können individuell mit dem Gelesenen verfahren. Falls es am Anfang noch ungewohnt ist, sich vom Text zu entfernen und eine eigene Position zu finden, mag es hilfreich sein, den Standpunkt in einer simulierten Korrespondenz mit der Autorin zu finden:

Ergebnisse der Autorin	Mein Nachvollzug und meine Bewertung dieser Ergebnisse

Meinungen des Autors	Meine Meinungen

Zu welchem Ergebnis kommen Sie? Können Sie ein Statement zu Ihrem Lesen und zum Text abgeben?

Alternativ hilft es vielen Studierenden, die Grundideen des Textes zu **visualisieren**: als Cluster, Grafik, Schaubilder, Mindmap, Themen- und Argumentationsbaum, Moodboard oder in Visualisierungen und kleinen Zeichnungen (Sketchnotes) (▶ Tools).

Falls Sie gerne mit Sprache spielen und sich darin üben möchten, können Sie auch das Spiel **»Immer eins mehr«** ausprobieren: Fassen Sie den Text und Ihre Textkritik in einem Satz zusammen. Bauen Sie dann diesen einen zu zwei Sätzen aus, anschließend zu drei, vier etc. Sätzen.

Nutzen Sie **Freewriting**: Stellen Sie sich einen Alarm auf fünf Minuten und schreiben Sie während dieser Zeit frei und ohne sich am Text zu vergewissern eine Kritik. Stellen Sie die Uhr erneut auf fünf Minuten und schreiben Sie während dieser Zeit eine Verteidigung oder ein Lob des Textes. Achten Sie bei der Lektüre Ihres Textes darauf, was Sie genau kritisieren bzw. was genau den Text »gut« oder »schlecht« macht.

Erstellen Sie **Begriffslisten**: Listen Sie alle wichtigen Begriffe (▶ Schnelles Lesen). Definieren Sie diese Begriffe. Schreiben Sie einen kurzen Text, in dem all diese Begriffe vorkommen. Variieren Sie die Textform: Nachricht, Brief, Tweed, Haiku, Dialog …

Wenn Sie einen **Zettelkasten** pflegen, arbeiten Sie Ihre Lektüre in den Zettelkasten ein. Auch das Lesejournal bzw. Bullet Journal kann als Werkzeug der kreativen Nachbereitung genutzt werden (▶ Tools).

Lesen, um zu vergleichen

Sie nutzen hierzu erneut mehrere Lesetechniken. Mittels überfliegendem Lesen orientieren Sie sich erstens in der Menge der Publikationen und wählen aus. Sie lesen zweitens die ausgewählten Texte kursorisch, um sie kennenzulernen und zu wissen, wie sie funktionieren, mit welchem Material sie arbeiten etc. Drittens analysieren Sie die Texte, etwa in Hinblick auf die verwendeten Argumente, die Bewertung von Fakten, die empirischen Grundlagen oder die theoretischen Muster. Viertens beurteilen Sie die Texte je gesondert, um abzusichern, dass Sie einen literarischen Text nicht auf die gleiche Weise bewerten wie einen wissenschaftlichen Text. Wenn Sie die Ergebnisse zu den einzelnen Texten vor sich haben und Ihre Leitfrage feststeht, können Sie in einen ersten Vergleich gehen:

- auf der formal-inhaltlichen Ebene: Fakten, Materialauswahl, Argumentation und Ergebnisse,
- auf der methodisch-darstellerischen Ebene: Vorgehensweise, Aufbau, sprachliche Form, Perspektive, Erkenntnisinteresse.

Falls Sie noch keine Leitfrage haben, ist es als Korrektiv oder Ergänzung eine Bereicherung, offen für Vergleichsergebnisse zu sein.

Auch am Ende des vergleichenden Lesens kann die Absicht stehen, auszuwählen, nun jedoch aus der Lektüre begründet. Sie entscheiden sich vielleicht dafür, die Perspektive von AutorIn A einzunehmen, weil ihre/seine Vorgehensweise und ihre/seine Ergebnisse überzeugender und in Bezug auf Ihre Aufgabe leichter anzuwenden sind als die Schlussfolgerungen von AutorIn B.

Lesen, um zu lernen, zu analysieren und zu vergleichen, ist eine intensive Auseinandersetzung mit dem Text auf unterschiedlichen Ebenen: Form, Inhalt, Sprache, Kontext, letztlich auch auf der Ebene der äußeren Ästhetik und Medialität. Es dient der Aneignung, dem Nachvollzug des Stoffes, der Bewertung sowie der langsamen Prägung des eigenen Schreibens.[77]

---

77 Vgl. Kuhn 2016, S. 62–81.

Lesen, um das Gelesene zu nutzen[78]

Wenn Sie über das Gelesene z. B. im Seminar diskutieren möchten, ist es wesentlich, die Argumentation des Textes nachzuvollziehen und zu bewerten. Zunächst arbeiten Sie die argumentative Struktur des Textes heraus. Anschließend gehen Sie diese Struktur durch und notieren, welchen Argumenten Sie folgen können und welchen Sie widersprechen möchten, für welche Sie Gegenargumente haben oder welche anderen Belege Sie anführen können, die zu einem anderen Fazit führen. Auch eine Überprüfung der Logik und Folgerichtigkeit des Textes hilft, eine eigene Position aufzubauen und im Gespräch begründet zu äußern.[79]

Eine typische Situation bei schriftlichen Studienarbeiten ist, dass Sie aus einer recht großen Textmenge nur wenig unmittelbar verwenden können. Dennoch ist es notwendig, dass Sie einen Überblick über die einschlägige Literatur zum Thema haben und dass Sie die Quellen bzw. Primärtexte kennen, mit denen Sie sich befassen. Aus diesem Grund sind selektive Techniken wie das Überfliegen und das punktuelle Lesen insbesondere zu Beginn Ihrer Arbeit an dem Projekt wichtig. Im auswählenden Lesen markieren Sie Stellen, die kursorisch, intensiv oder detailliert gelesen werden müssen, um sprachliche Feinheiten herauszuarbeiten oder die Argumentation nachzuvollziehen. Gleichzeitig beobachten Sie möglicherweise einen Schneeballeffekt: Je tiefer Sie einsteigen, umso mehr Verweise auf andere Texte finden Sie, die ebenfalls wichtig wären. Insofern befinden Sie sich während der Arbeit an eigenen Texten oft in einem Wechsel aus Überfliegen, punktuellem Lesen und verschiedenen intensiven, verstehenden Lesetechniken.[80]

---

78 Siehe hierzu z. B. Lange 2013, S. 99–142.
79 Kruse 2015, S. 22.
80 Vgl. Kruse 2015, S. 23.

Entsprechend unterschiedlich ist Ihr Lesetempo. Sie wechseln zwischen Phasen des schnellen Lesens mit hoher Entscheidungsbereitschaft und Phasen des langsamen, vielleicht wiederholenden und extrahierenden Lesens. Für diesen Wechsel brauchen Sie viel Energie und für beide Geschwindigkeiten hohe Konzentration. Entsprechend gehört zu dieser Arbeitsphase eine gute Zeitplanung, die sowohl die gesamte Zeit vom Beginn bis zur Abgabe gut plant und gliedert, als auch das Einrichten von zusammenhängenden Blöcken, in denen Ihnen ablenkungsfreies konzentriertes Lesen möglich ist, z. B. mit der Pomodoro-Technik (▸ Konzentration).

Lesen, um einen Text zu verbessern

Korrekturlesen wird im Studium häufig nicht als Lesetechnik, die Textverständnis oder neues Wissen fördern soll, eingesetzt, sondern pragmatisch, um Hausarbeiten vor der Abgabe formal und sprachlich zu verbessern. Sie können es aber auch ohne konkreten Korrekturbedarf einsetzen und einem wissenschaftlichen Text als LektorIn oder KorrektorIn entgegentreten. Fragen Sie, was Sie am Text verändern würden. Wo sehen Sie Schwächen am und im Text und welche Ideen haben Sie, diese zu verbessern? Welche Stärken des Textes entdecken Sie und wie könnten diese hervorgehoben werden? Ist überhaupt ein linearer Text das richtige Medium für Thema und Darstellung – würde z. B. eine Grafik zehn beschreibende Seiten sparen? Oder bietet sich aufgrund der Verweismenge und intertextuellen Bezüge ein Hypertext an?

Korrekturlesen als Lesehaltung und -technik anzuwenden, bietet den Vorteil, die neue Rolle als TextkritikerIn einzuüben. Darüber hinaus bietet das Korrekturlesen den Vorteil, einen unmittelbaren Bezug zu späteren beruflichen Tätigkeiten zu haben: im Lektorat, im

Korrektorat, im Editing, in der Redaktion, bei Verlagen, Selfpublishing-Diensten, Werbeagenturen, PR-Dienstleistern, als freie Lektorin/ als freier Lektor etc.[81]

---

81 Falls Sie hier tiefer einsteigen wollen, können Sie sich z. B. beim Verband der freien Lektorinnen und Lektoren informieren: Verband der Freien Lektorinnen und Lektoren e. V. 2018.

Epilog: Lesen in Hinblick auf den Berufseinstieg

Dieses Buch behandelte das Lesen als Studienkompetenz – die Fähigkeit also, im Studium die Aufgaben gut zu erfüllen, die entweder direkt Leseaufgaben sind oder die mittels Lesen bearbeitet werden. Nach dem Studium endet das Lesen nicht, aber wird sich aber ein weiteres Mal verändern. Die Berufe, die GeisteswissenschaftlerInnen ergreifen, sind bekanntlich sehr unterschiedlich und ebenso unterschiedlich ist die Funktion des Lesens, sind die Leseaufgaben und die Textsorten, mit denen Sie sich befassen werden. Insgesamt nimmt der Umfang an Kommunikation zu, und damit auch die Texte, die produziert werden, und damit wiederum die Lesepflichten, die im professionellen Kontext anfallen. Es lohnt sich also, in Lesefähigkeiten, Zeit- und Wissensmanagement, Augenpflege und Konzentrationsfähigkeit zu investieren, um auch im Beruf so zu lesen, dass Sie gut arbeiten – und die Freude am Buch in der Freizeit nicht verlieren.

Wir machen uns nur selten bewusst, dass wir es in fast allen Lebensbereichen mit Verschriftlichung zu tun haben. Wir lesen dauernd. Wie wird sich das Lesen im Beruf verändern? Texte in verschiedenen Medien sind ein zentrales Arbeitsmittel unserer Berufe. Unabhängig von der Berufswahl wird voraussichtlich der Anteil von Verwaltungsschriftgut in Ihrem Lektürestapel steigen. In jedem Fall ist es wichtig, Schnelllesetechniken so einzusetzen, dass Sie Wichtiges sicher erkennen. Dabei helfen Ihnen die Textstruktur oder Schlüsselbegriffe; mit der Zeit erwerben Sie Sicherheit im Erkennen des typischen Aufbaus und können von vornherein Beiwerk von Kernaussagen trennen (▸ Schnelles Lesen). Tätigkeiten in Verwaltung und Politik sind mit der Lektüre weiterer Textsorten verbunden, die Sie im Studium teils zur Selbstverwaltung kennengelernt haben. Studiengänge mit Lernangeboten zur Verwaltung – z. B. in den Geschichts-, Politik- und Sozialwissenschaften – setzen Verwaltungsschriftgut meist auch in der Lehre und in Prüfungen ein. Auf diese Weise wird die Lektüre »trockener« Texte geschult: Verwaltungsschriftgut, Dossiers, Reden, (Regierungs-)Erklärungen, journalistische Texte, Blog und Microblog (wie bei Xing oder Twitter), Kommentare, Gutachten, Leitfäden, Berichte, Programme, »Vorlagen« etc. Auch im Verwaltungs- und im politischen Alltag umfasst das Lesen von Korrespondenz einen großen Teil der täglichen Arbeitszeit. Darum kann auch hier die Kombination aus gutem Zeitmanagement für das Lesen, Konzentrationsfähigkeit und einem gezielten Einsatz von Lesestrategien den Arbeitsalltag erleichtern.

Für Tätigkeiten mit wissenschaftlichem Profil (wissenschaftliche Mitarbeiterin/wissenschaftlicher Mitarbeiter in Hochschulen, Museen, Stiftungen, LektorIn im Fach- oder wissenschaftlichen Verlag, freie Geisteswissenschaftlerin/freier Geisteswissenschaftler, wissenschaftliches Lehramt o. ä.) nimmt das Lesen, das Sie im Studium kennengelernt und eingeübt haben, einen großen Teil der Arbeitszeit in Anspruch. Die Textsorten weiten sich erneut aus, die Nutzungszusammenhänge ebenfalls.

Wenn Sie lehren werden und Lernprozesse begleiten, lesen Sie erneut Studienliteratur, nun jedoch mit anderem Blickwinkel: Ihr Lesepensum für Seminare und Lernveranstaltungen steigt, da Sie auswählen müssen, und Ihre Rolle mit Bezug auf den Text verändert sich, insofern Sie die Textauswahl mit klaren Lernzielen der einzelnen Sitzung und gesamten Veranstaltung verbinden müssen. Sie lesen weiterhin didaktische und organisatorische Texte, Anträge, Gutachten, Protokolle, Texte zur Selbstverwaltung, Studien- und Prüfungsordnungen, Sitzungsvorlagen und Korrespondenzen.

Die Textfunktionen beziehen sich in der beruflichen Praxis nicht mehr allein auf die wissenschaftliche Rezeption, sondern Sie lernen weitere Nutzungszusammenhänge kennen, oft mit höherer Verbindlichkeit. Können Sie sich im Studium (noch) auf das Bestehen einer Prüfung konzentrieren – oder sich sogar den Luxus leisten, um des Lesens und Lernens selbst willen zu lesen –, hat das Lesen im Beruf häufig unmittelbare Auswirkungen. Normsetzende Texte wie Gesetze, Vorschriften oder Dienstanweisungen sind nicht mehr nur zu analysieren, sondern umzusetzen; sie bilden Ihren Handlungsrahmen im Beruf. Wissen- und informationsvermittelnde Texte enthalten Informationen, die Sie benötigen, um Ihren Beruf kompetent auszuüben; vielfach teilen sie auch allgemeine Dinge mit, z. B. Anträge, Bekanntmachungen, (interne) Newsletter. Gerade Tätigkeiten im Öffentlichen Dienst (oder mit Institutionen des Öffentlichen Dienstes als Partner oder Kunden) kennen Verwaltungsakte mit hohem Textaufkommen. Sie werden lernen, kompetent mit Formularen umzugehen und verwaltungsbezogene Texte so lesen, dass Sie Formulare korrekt ausfüllen können – oder die Formulare, die andere einreichen, auf ihre Korrektheit hin zu prüfen.

Sie werden in allen Berufen lesen, um sich weiterzubilden und am Diskurs teilzunehmen. Dieses Lesen wird sich verändern: zum einen seine soziale Komponente, zum anderen die technischen Aspekte des Lesens – und gerade für jene fehlt noch eine passende Didaktik. Das bedeutet, dass Ihr Lesen auch im Beruf wesentlich Erfahrungskompetenz ist und das wiederum bedeutet, dass Sie diese Erfahrungen machen dürfen und müssen. Es gibt jedoch eine große Vielfalt an Möglichkeiten, dieses Lesen und diese Leseerfahrungen mündig und wissensdurstig zu gestalten.

Verzeichnis der verwendeten Literatur und Websites

Literatur

Acuff, Jon (2018): Bring es zu Ende. Wie man mit Spaß und weniger Perfektion alle Ziele erreicht – und sich selbst belohnt, München.

Aebli, Hans (1983): Zwölf Grundformen des Lehrens, Stuttgart.

Ahrens, Sönke (2017): Das Zettelkasten-Prinzip. Erfolgreich wissenschaftlich Schreiben und Studieren mit effektiven Notizen, Norderstedt.

Anderson, John Robert (1991): Kognitive Psychologie, Heidelberg.

Ballstädt, Steffen-Peter/Mandl, Heinz/Schnotz, Wolfgang (1981): Texte verstehen – Texte gestalten, München.

Balzert, Helmut/Schröder, Marion/Schäfer, Christian (2011): Wissenschaftliches Arbeiten. Ethik, Inhalt & Form wiss. [sic!] Arbeiten, Handwerkszeug, Quellen, Projektmanagement, Präsentation, Berlin/Dortmund, 2. Auflage.

Bergerhausen, Johannes/Poarangan, Siri (2011): Decodeunicode – die Schriftzeichen der Welt. Unicode 6.0, Mainz.

Birkenbihl, Vera (2007): Trotzdem lehren, Heidelberg.

Blumenberg, Hans (1986): Die Lesbarkeit der Welt, Frankfurt a. M.

Boeselager, Elke von (2004): Schriftkunde, Basiswissen, Hannover.

Boie, Kirstin (2020): Das Lesen und ich, Hamburg.

Braun, Manfred (2015): Deutsche Schreibschrift. Kurrent und Sütterlin lesen lernen. Handschriftliche Briefe, Urkunden, Rezepte mühelos entziffern, München.

Breyer, Thiemo (2007): On the Topology of Cultural Memory. Different Modalities of Inscription and Transmission, Würzburg.

Busch, Michael (Hg.) (2019): Welt, bleib wach: das große Buch vom Lesen – eine Anstiftung, Freiburg i. Br.

Cameron, Julia (2003): Von der Kunst des Schreibens und der spielerischen Freude, Worte fließen zu lassen, München.

Carrol, Ryder (2018): Die Bullet Journal Methode. Verstehe deine Vergangenheit, ordne deine Gegenwart, gestalte deine Zukunft, Reinbek bei Hamburg.

Centmayer, Dieter (2011): Wenn Kinder später lesen lernen, in: https://www.erziehungskunst.de/artikel/fruehe-kindheit/wenn-kinder-spaeter-lesen-lernen/.

Christmann, Ursula/Groeben, Norbert (2006): Psychologie des Lesens, in: Franzmann, Bodo u. a. (Hgg.): Handbuch Lesen, Baltmannsweiler, 2. Auflage, S. 145–223.

Csikszentmihalyi, Mihaly (1990): Flow. The Psychology of Optimal Experience, New York.

Davis, Philip (2020): Reading for life, Oxford.

de Man, Paul (1988): Allegorien des Lesens, Frankfurt am Main.

Eco, Umberto (1991): Wie man eine wissenschaftliche Abschlussarbeit schreibt, Heidelberg.

Ette, Ottmar (Hg.) (2020): LiebeLesen. Potsdamer Vorlesungen zu einem großen Gefühl und dessen Aneignung, Berlin.

Evolution of Reading in the Age of Digitalization: Stavanger-Erklärung (2018), in: http://ereadcost.eu/stavanger-declaration/; [deutsche Übersetzung: https://www.faz.net/aktuell/feuilleton/buecher/themen/stavanger-erklaerung-von-e-read-zur-zukunft-des-lesens-16000793-p2.html].

Franke, Fabian/Kempe, Hannah/Klein, Annette/Rumpf, Louise/Schüller-Zwierlein, André (2014): Schlüsselkompetenzen: Literatur recherchieren in Bibliotheken und Internet, Stuttgart, 2. Auflage.

Gelndinning, Eric H./Holmström, Beverly (1992): Study Reading. A Course in Reading Skills for Academic Purposes, Cambridge u. a.

Göttert, Karl-Heinz u. a. (1991): Einführung in die Rhetorik, München.

Haarmann, Harald (2004): Die Geschichte der Schrift, München.

Hadot, Pierre (1991): Philosophie als Lebensform, Berlin.

Hartung, Olaf (2020): Museen und Geschichtsunterricht, Stuttgart.

Horster, Detlef (1986): Das sokratische Gespräch in der Erwachsenenbildung, Hannover.

Karcher, Günther L. (1994): Das Lesen in der Erst- und Fremdsprache, Heidelberg, 2. Auflage.

Küchemann, Friedtjof/Ackerman, Rakefet (2017): Interview zum Bildschirmlesen: Es geht um unsere Einstellung, nicht um die Technik, in: https://www.faz.net/aktuell/feuilleton/buecher/themen/interview-psychologin-rakefet-ackerman-zum-bildschirmlesen-15322757.html.

Kuhn, Birgit (2016): Lesetechniken optimieren. Schneller lesen – leichter merken, München, 6. Auflage.

Lange, Ulrike (2013): Fachtexte lesen – verstehen – wiedergeben, Paderborn.

Lehmann, Jane (1993): Fundamentals of College Reading, Strategies for Success, Engelwood Cloffs, S. 6–13

Lindner, Martin (2008): Lesen, in: Gunilla Budde/Dagmar Freist/Hilke Günther-Arndt (Hgg.): Geschichte. Studium – Wissenschaft – Beruf, Berlin, S. 216–230.

Lovenberg, Felicitas von (2018): Gebrauchsanweisung fürs Lesen, München.

Manguel, Alberto (2000): Eine Geschichte des Lesens, Reinbek bei Hamburg.

Mayer, Horst O. (2005): Einführung in die Wahrnehmungs-, Lern- und Werbe-Psychologie, München, 2. Auflage.

Mcwhorter, Kathleen T. (2014): Academic Reading, Pearson New International Edition, Harlow, 8. Auflage.

Menne, Mareike/Zarna, Julia (2019): Intervalllesen mit der Pomodorotechnik, in: http://www.brotgelehrte.de/2019/05/22/intervall-lesen-mit-der-pomodoro-technik/.

Moreau, Elise (2020): The 6 Best Speed Reading Apps of 2020. Get through those books in record time, in: https://www.lifewire.com/best-speed-reading-apps-4137047.

Newport, Cal (2017): Konzentriert arbeiten. Regeln für eine Welt voller Ablenkungen, München.

Reich, K. (Hg.) (2008): Methodenpool, in: http://methodenpool.uni-koeln.de

Robinson, Francis P. (1946): Effective Study, New York.

Salentin-Träger, Marianne/Jahn, Anja (2019): Moodboards. Wünsche visualisieren und verwirklichen, München.

Scheele, Paul (2007): PhotoReading. Die neue Hochgeschwindigkeitslesemethode in der Praxis, Paderborn, 6. Auflage.

Scherübl, Ingrid/Günther, Katja (2015): Der Schreibimpulsfächer. Inspirationen für das Selbstcoaching beim Schreiben, Opladen/Toronto.

Schmidt, Florian (o. J.): Textimmanente Interpretation von Schultexten – das Sechs-Schritt-Schema, in: https://www.helpster.de/textimmanente-interpretation-von-schultexten-das-sechs-schritt-schema_63971.

Sidi, Y./Ophir, Y./Ackerman, R. (2016): Generalizing Screen Inferiority– Does the Medium, Screen versus Paper, Affect Performance Even with Brief Tasks?, in: Metacognition & Learning, 11.1 (2016), S. 15–33 [online: https://ie.technion.ac.il/~ackerman/papers/Sidi,%20Ophir,%20&%20Ackerman%20in%20press%20-%20Generalizing%20Screen%20Inferiority.pdf].

Staatsinstitut für Schulqualität und Bildungsforschung (Hg.) (2004): Lehrplan für das Gymnasium in Bayern: Deutsch, in: http://www.isb-gym8-lehrplan.de/contentserv/3.1.neu/g8.de/id_26358.html.

Ueding, Gert (1985): Rhetorik des Schreibens, Königsstein.

Verband der Freien Lektorinnen und Lektoren e. V. (Hg.) (2018): Leitfaden Freies Lektorat, Frankfurt am Main, 11. Auflage.

Werder, Lutz von (1994): Wissenschaftliche Texte kreativ lesen, Berlin.

Wolf, Maryanne (2018): Schnelles Lesen, langsames Lesen. Warum wir das Bücherlesen nicht verlernen dürfen, München.

Wolfsberger, Judith (2016): Frei geschrieben. Mut, Freiheit und Strategie für wissenschaftliche Abschlussarbeiten, Wien u. a., 4. Auflage.
Woolf, Virginia [1926] (1990): Wie sollte man ein Buch lesen?, in: Dies.: Der gewöhnliche Leser Bd. 2: Essays, Frankfurt am Main, S. 306–321.

Links

Wenn nicht anders angegeben zuletzt eingesehen: 31.7.2020.

http://forum.phantastatur.de/index.php?topic=809.0
http://literaturschock.de/literaturforum/index.php?topic=309.0
http://www.bym.de/forum/lesen/443622-mehr-gerne-lesen.html
http://www.helpster.de/textimmanente-interpretation-von-schultexten-das-sechs-schritt-schema_63971
http://www.schreibwerkstatt.de/leseblockade-t23515.html (Stand 1.9.2019; aktuell nicht mehr verfügbar)
http://www.uni-konstanz.de/FuF/Philo/Geschichte/Tutorium/Themenkomplexe/Lesen/Rezeption_/Wie_lesen__/wie_lesen__.html (»Wie lesen«)
https://fraeuleinbriestbloggt.com/2016/11/29/leseblockade (Stand 1.9.2019, aktuell nicht mehr verfügbar)
https://klassikerforum.de/index.php?topic=4676.0
https://maz.blogger.de/stories/52272/
https://rp-online.de/panorama/fernsehen/historiker-schliessen-frieden-mit-guido-knopp_aid-14079599
https://sketchnotes.de/
https://stats.oecd.org/glossary/detail.asp?ID=5420 (s. v. »Reading Literacy«)
https://www.e-fellows.net/Studium/Soft-Skills/Lesetechniken/Lesen-leicht-gemacht (»Lesetechniken. Lesen leicht gemacht«)
https://www.gda.bayern.de/DigitaleSchriftkunde/
https://www.lernen-heute.de/lesen_photoreading_kurzanleitung.html (»Photo-Reading – Eine Kurzanleitung«)
https://www.lernen-heute.de/lesen_sq3r.html (»Die Lesemethode SQ3R«)
Staatsinstitut für Schulqualität und Bildungsforschung (Hg.): Lehrplan für das Gymnasium in Bayern: Deutsch, http://www.isb-gym8-lehrplan.de/content serv/3.1.neu/g8.de/id_26358.html